복 있는 사람

오직 여호와의 율법을 즐거워하여 그 율법을 주야로 묵상하는 자로다.
저는 시냇가에 심은 나무가 시절을 좇아 과실을 맺으며 그 잎사귀가 마르지 아니함 같으니
그 행사가 다 형통하리로다.(시편 1:2-3)

신은 존재하는가

Is There a God?

Richard Swinburne

신은 존재하는가

Is There a God?

세계와 우리, 존재의 기원과 과정과 목적을 논증하다

리처드 스윈번

복 있는 사람

신은 존재하는가

2020년 4월 20일 초판 1쇄 인쇄
2020년 4월 27일 초판 1쇄 발행

지은이 리처드 스윈번
옮긴이 강영안, 신주영
펴낸이 박종현

도서출판 복 있는 사람
주소 서울특별시 마포구 연남동 246-21(성미산로23길 26-6)
전화 02-723-7183, 7734(영업·마케팅) 팩스 02-723-7184
이메일 hismessage@naver.com
등록 1998년 1월 19일 제1-2280호

ISBN 978-89-6360-343-8 03230

이 도서의 국립중앙도서관 출판예정도서목록(CIP)은
서지정보유통지원시스템 홈페이지(http://seoji.nl.go.kr)와 국가자료공동목록시스템
(http://www.nl.go.kr/kolisnet)에서 이용하실 수 있습니다. (CIP 제어번호: CIP2020011245)

Is There a God?
by Richard Swinburne

『신은 존재하는가』의 초판을 읽어 주시고, 제 생각을 원래 계획했던 방식보다 더 평이하게 전달할 수 있도록 도와주신 많은 분들, 특별히 옥스퍼드 대학 출판부의 배질 미첼, 노만 크렛츠만, 팀 바튼, 피터 맘칠로프와 제 딸 캐롤라인에게 감사의 말을 전합니다. 그리고 본서 초판의 두 판본을 매우 신속하게 문서화해 주신 애니타 홈즈와 개정판에 추가된 새로운 문단들을 입력해 주신 새라 바튼에게 깊은 감사를 드립니다.

일러두기

* 본문에서 옮긴이 삽입 내용은 [ ], 옮긴이 주는 • 로 표시하였다.
* 원서에서 저자가 기울임체로 강조한 것은 굵은 글씨체 혹은 따옴표로 대체하였다.

차례

옮긴이의 글

스윈번의 『신은 존재하는가』는 신이 존재함을 주장하는 책입니다. 여러분이 모두 아시는 대로 신神이 존재하는가 혹은 존재하지 않는가 하는 물음은 오늘도 여전히 중요합니다. 그런데 한걸음 물러서서 가만히 생각해보면 동양이든 서양이든 신의 존재가 과거에는 큰 물음으로 등장하지 않았다는 사실을 알 수 있습니다. 인류가 둥지를 틀고 사는 곳에는 어디에나 신을 예배한 흔적이 있습니다. 인간의 삶은 신과 더불어 시작되었다고 할 정도로 종교없는 민족, 종교없는 문화는 없습니다. 흔히 '원시인'이라 불리는 사람들에게조차 처음부터 '신의식'*sensus divinitatis*, the sense of divinity이 있었다고 우리는 칼빈과 함께 말할 수 있습니다.•

신 의식이 유일한 신에 대한 의식인지, 다수의 신에 대한 의식인지는 여전히 논쟁의 여지가 있습니다. 하지만 신의 존재, 또는 신들의 존재는 어디에서든지 수용되었습니다. 신을 통해서 세계를 체험하고 이해하는 관점이 인간의 기본선default line이 아닌가 할 정도로 유신론theism은 인류의 삶과 문화에 처음부터 깊숙이 들어와 있었습니

• 칼빈, 『기독교강요』, 1.3.1

다. 유신론과 대립되는 무신론은 신의 존재를 부인함으로 가능합니다. 만일 신이 존재하지 않는다면, 아니면 한걸음 물러나 만일 유신론이 없다면, 신의 존재를 부인하는 무신론은 불가능할 것입니다.

물론 무신론은 최근에 등장한 사상이 아닙니다. 고대에도 있었고 근대에도 있었습니다. 최근에는 리처드 도킨스, 대니얼 대닛, 샘 해리스, 크리스토퍼 히친스, 이 '4인방'이 이끄는 이른바 '새로운 무신론' New Atheism이 있습니다. 과거에는 무신론이 일부 지식인의 사치스러운 자기 표현에 지나지 않았지만, 오늘의 무신론은, 특별히 윤택한 경제 조건을 누리는 지역에서는, 일반 대중의 생활 방식이 되었다고 말할 수 있습니다. 무신론자는 한때 핍박이나 처단의 대상이었으나 오늘은 용인될 뿐만 아니라 심지어 존경을 받기도 합니다. 세계무신론자연맹Atheist Alliance International이 1991년에 결성되었고, 이 기관이 주최하는 무신론자들의 수련회가 해마다 열릴 정도로 무신론자의 수는 세계적으로 증가하는 추세입니다. 무신론이 일반 대중의 생활 방식으로 확대되었다는 점과 도킨스가 내세우듯이 심지어는 세계 시민운동으로 확장되는 분위기가 마련되었다는 점이 과거의 무신론과 오늘의 무신론의 차이라고 할 수 있겠습니다.

그런데 가만히 들여다 보면 무신론은 지적 인식의 결과라기보다는 오히려 의지의 결과로 보입니다. 신의 존재를 수용하는 유신론이 지성의 자연스러운 반응이라면 신의 존재를 부정하는 무신론은 강한 의지의 표현으로 여겨집니다. 무신론자가 되기 위해서는 강한 의지가 필요합니다. 왜냐하면 당연하게 수용해야 할 것을 일부러 부정해야 하기 때문입니다. 뉴욕 대학에서 오랫동안 철학을 가르치다가 지금은 명예교수가 된 토마스 네이글은 이렇게 말합니다.

> "나는 무신론이 참이기를 원한다. 그런데 내가 아는 지인들 가운데 가장 똑똑하고 지식이 많은 사람들 몇몇이 종교를 가진 신자라는 사실에 내 마음이 불편하다. 나는 신을 믿지 않는다. 그런데 이것만이 아니다. 사실 나는 당연하게도 [신이 존재하지 않는다는] 나의 믿음이 옳기를 희망한다. 나는 신이 존재하지 않기를 희망한다. 나는 신이라는 존재가 아예 없기를 원한다. 나는 신이 있는 세계, 신이 있는 우주를 원하지 않는다."•

무신론자의 솔직한 마음이 이 속에 여실히 드러나 있습니다. 지적인 차원에서 "신이 존재하지 않는다"고 생각하고 그렇게 믿을 뿐만 아니라, 여기에 그치지 않고 자신의 의지의 차원에서 신이 존재하지 않기를 '원하고'want '바란다'hope는 표현을 반복해서 쓰고 있습니다. 네이글은 무신론이 지적 탐구의 결과가 아니라 신이 만든 우주, 신이 만들고 통치하며 지배하는 세계에 살고 싶지 않은 바람, 그의 희망에서 비롯됨을 보여줍니다. 왜 그는 신이 없는 세계, 신이 존재하지 않는 세계에 살기를 원할까요?

생각해 보십시오. 우리가 살고 있는 우주, 우리가 살고 있는 세계가 신이 창조하고 지배하는 세계라고 해보십시오. 더구나 그 신이 세계의 창조주이고 섭리하시고 통치하시는 분이라 생각해 보십시

• Thomas Nagel, *The Last Word*, New York: Oxford University Press, 1997, p.130.

오. 그렇다면 신은 이 세계의 원인이고 과정이며 목적일 것입니다(롬 11:36). 만일 이것이 옳다면 이 땅에 존재하는 모든 것들의 존재와 생명뿐만 아니라 내 자신의 삶도 신이 설계한 목적과 의도를 따를 수밖에 없습니다. 만일 그렇다면, 나의 삶은 마땅히 신의 섭리에 순종하는 삶이 되어야 할 것입니다.

신의 통치를 따르는 세계 속에서 살아간다면 나는 당연히 내 삶의 유일한 주인일 수 없습니다. 그렇다면 겉으로 보기에는 나에게 자유가 있는 듯하지만 실제로는 자유가 없다고 해야 하겠지요. 이런 방식으로 추론을 시작하면 나의 삶은 곧 신에게 종속된 삶에 지나지 않는다는 결론에 도달하게 됩니다. 따라서 내가 내 삶의 주인이 되기를 원한다면, 네이글처럼 신이 존재하지 않는다는 생각만 하는 것이 아니라 신이 존재하지 않음을 믿는 나의 믿음이 참이기를, 그래서 신이 존재하지 않는 세계에서 내가 살기를 희망할 수밖에 없을 것입니다. 무신론은 이런 의미에서 이론적 탐구의 결과라기보다는 신이 존재하지 않기를 바라는, 그래서 오직 나만이 내 삶의 주인이 되기를 희망하는 의지의 소산이라 말할 수 있습니다.

유신론은 이 우주와 이 속에 몸담고 있는 우리 자신의 존재와 삶을 이해할 수 있도록 초기에 설정된 기본선이라고 저는 이해합니다. 유신론적 관점에서 보면 적어도 이 우주와 우리 자신은 시작이 있고, 설계된 과정과 목적을 가지며, 이 우주와 우리 자신의 삶은 기계적인 물질의 운동에 그치지 않고 창조주와 이웃과의 모종의 인격적인 교류가 있는 세계입니다. 나와 함께 살고 있는 타인과 마찬가지로 나도 단순한 물질 덩어리가 아니라 사랑과 희생과 배려와 존중이 오가는 인격적 존재임을 인정하게 될 것입니다.

만일 유신론을 견지한다면 우리가 살고 있는 세계 속에는 우리가 알고자 하여도 알 수 없고 도무지 정체를 밝혀낼 수 없는 것들이 수없이 많지만, 그럼에도 이 세계는 우리가 알아갈 수 있는 세계이고 이해할 수 있고 소통할 수 있는 세계임을 받아들일 수 있습니다. 이와는 반대로 무신론은 이 우주, 이 세계, 이 속에서의 나의 삶과 우리의 삶을 자연주의의 관점으로 완전히 새롭게 설정하고 싶을 때 선택할 수 있는 기본선입니다. 문제는 유신론과 무신론 가운데 어느 사상이 존재하는 세계와 우리 자신의 삶을 제대로 설명하고 살 만할 가치를 부여해 주며 참된 의미를 주는가 하는 물음일 것입니다. 스윈번은 신의 존재를 인정하고 수용하는 유신론이 두 선택지 가운데 바르게 선택할 수 있는 대안임을 이 책에서 논증합니다.

○ ○ ○

스윈번이 이 책에서 신 존재 물음을 다루는 방식은 서양의 철학과 신학 전통에서 다루어 온 방식과는 구별됩니다. 신의 존재를 이른바 '증명'하려는 시도는 여러 가지가 있었습니다. 경험에 의존해서, 조금 어려운 철학적 용어를 사용하면 '후험적으로'a posteriori 논증을 전개하느냐 아니면 경험과 독립해서 '선험적으로'a priori 논증을 전개하느냐에 따라 나눌 수 있습니다. 경험으로부터 논증을 전개하는 방식은 경험 속에서 어떤 목적이나 설계를 발견할 수 있다는 사실에서 출발하느냐 아니면 현재 눈으로 보고 경험하는 현실을 결과로 여기고, 그 주어진 결과를 가능하게 한 원인을 찾아가느냐에 따라 다시 나눌 수 있습니다. 정리하자면, 신 존재 증명은 (1) 선험적으로 신의 존재를 증명하려는 방식과 (2) 후험적으로 증명하되 세계 속에 존재하는 어떤 설계나 목적의 관점에서 증명하려는 방식, 그리고 (3) 경험 세계에 주어진 결과로부터 그것을 가능하게 한 원인을 찾아가는 방식으로 나누어 볼 수 있습니다. 이 세 가지 방식은 신의 존재를 '증명'하는 방식을 이론적으로 반박하고자 할 때 칸트가 분류한 방식입니다.•

선험적으로 신의 존재를 증명하는 방식은 '완전자', '무한자'와 같은 개념에서 출발합니다. 중세에는 안셀무스가, 근대에는 데카르트, 스피노자 그리고 라이프니츠 등이 전개했던 방식입니다. 이는 신을 지칭하는 완전자나 무한자라는 개념으로부터 이에 대응하는 존재자가 필연적으로 존재해야 한다는 방식으로 신의 존재를 주장하는 논변입니다. 칸트는 이러한 방식의 증명을 일컬어 '존재론적 증명'이라 불렀습니다. 여기서 '존재론적'이라는 용어는 '개념으로부터 존재를 이끌어내는 논변'이라는 뜻입니다. '존재론적 증명'은 경험에 의존하지 않고 오직 지성에 주어진 개념으로부터 논증을 펼치기 때문에 선험적인 논증으로 분류됩니다.

이와 달리 자연 속에 존재하는 것들이 주어진 목적에 따라 운동하면서 드러내는 질서와 아름다움은, 그렇게 운행하도록 계획한 설계자가 없이는 가능하지 않다는 전제로부터 설계자인 신의 존재를 이끌어내는 방식이 있습니다. 칸트는 이러한 논증을 '자연-목적론적 증명'이라고 불렀고, 우리는 이를 줄여서 흔히 '목적론적 증명'이라 부릅

• 칸트, 『순수이성비판』, I, 2, 3 '순수이성의 이상' 부분 참조.

니다. 예컨대 밀림 가운데 아름답게 잘 정돈된 정원을 발견했다면 정원을 가꾼 정원사가 있다고 추론하는 경우와 유사한 방식입니다. '목적론적 증명'이라는 용어가 길고 쉽게 이해되지 않기 때문에 보통 '설계 논증'design argument이라고도 부릅니다.

한편, 경험에서 출발하지만 목적론적인 방식과 다르게 신의 존재를 증명하는 방식이 있습니다. 움직이는 것, 우연적인 것, 유한한 것, 주어진 것에서 출발하여 주어진 것을 가능하게 하는 움직이지 않는 것, 필연적인 것, 무한한 것, 원인 가운데서 최초의 원인이 되는 제 1원인을 찾아가는 방식입니다. 명제 형식으로 이렇게 담아볼 수 있습니다. (1) 존재하기 시작한 것은 무엇이든 원인이 있다. (2) 우주는 존재하기 시작했다. (3) 따라서 우주에는 원인이 있다. 우주가 만일 존재하기 시작했다면 우주 자체가 원인이 될 수 없음은 자명합니다. 이 원인이 다름 아니라 신이라는 것이 '우주론적 증명'의 형식입니다. 토마스 아퀴나스의 이른바 '다섯 가지 길'quinque viae, five ways은 경험에서 출발하는 방식입니다.

그렇다면 스윈번이 이 책에서 시도하고 있는 방식은 어떤 유형, 어떤 범주에 넣을 수 있을까요? 스윈번의 논증은 전통적인 방식과 어느 정도 비슷한 점이 없지 않으나 사실은 매우 새로운 방식이라고 할 수 있습니다. 그의 논변을 굳이 이름을 붙여 말하자면 '최선의 설명으로부터의 신 존재 증명'이라고 부를 수 있습니다. 신의 존재가 세계와 우리 자신의 존재, 존재의 기원과 과정과 목적을 가장 잘 설명해 줄 수 있음을 보여주는 방식으로 스윈번은 논증을 전개합니다. 그의 방식은 형이상학적이지도 않고 신학적이지도 않고 더구나 종교적이지도 않습니다. 그의 설명 방식은 과학철학적인 방법론을 사용합니다. 설명해야 하는 현상이 있을 때 현상을 설명할 수 있는 이론을 검토하고, 가능한 이론 가운데서 현상을 가장 잘 설명할 수 있는 이론, 곧 최선의 이론을 찾는 방식입니다.

물리 현상을 과학적으로 설명하는 방식을 따라 스윈번은 신이 누구인지에 대한 정의를 내린 다음, 우리가 몸담고 있는 이 세계와 우리 자신의 존재를 설명할 수 있는 최선의 설명 방식으로 그가 이해한 신, 곧 의도적으로 행동할 수 있는 기본 능력과 목적과 믿음을 가진 인격체인 신의 존재를 상정합니다. 그 신은 전능하고 전지하며, 완전히 자유롭고 영원하며, 신체가 없이 편재하며, 우주의 창조자이자 전선한 존재입니다. 신은 오직 자신에 의해 존재할 뿐 아니라 다른 모든 존재를 가능하게 하는 필연적 존재이며 이러한 의미의 신은 스스로를 제외한 모든 것을 설명하는 '궁극적 사실'일 것이라고 스윈번은 결론을 내립니다.

스윈번의 작업 방식은 이렇습니다. 그는 먼저 자신이 말하는 신이 누구인지, 신을 어떻게 이해해야 하는지를 서술합니다. 그렇게 한 다음, 과학에서 중요하게 사용하는 '설명' 개념을 도입합니다. 무엇을 설명한다고 할 때 우리는 두 가지를 생각할 수 있습니다. 첫째는 '설명되어야 할 것'이고 두 번째는 그것을 '설명하는 것'입니다. '설명되어야 할 것'은 '존재하는 것들'입니다. '존재하는 것들'은 스윈번이 당연하게 전제하는 분석철학의 전통에서 볼 때 '대상들의 세계'입니다. 대상들은 개별적인 실체와 실체가 지닌 성질(속성), 그리고 실체들의 관계로 존재합니다. 실체가 존재하게 되거나 존재하기를 멈추는 일을 '사건' 또는 '현상'이라고 부릅니다. 사건에는 '개별적인 사건'이 있고 '보편적인 사건'도 있습니다. 이 '사건들'이 일어날 때 사건의 발생이나 사건과 사건의 관계를 해명하기 위하여 '설명'이 개입됩니다. 설명에는 두 가지 유형이 있습니다. 하나는 무생물의 인과성을 설명하는 방식이고 다른 하나는 의도적인 인과성을 설명하는 방식입니다. (더 자세한 설명은 이 책 2장을 읽어보시기 바랍니다.)

사건 혹은 현상에 대한 설명을 하게 되면 결국은 존재하는 것들이 왜, 무엇 때문에 존재하는가 하는 물음에 부딪히게 됩니다. 최종적인 설명 또는 궁극적인 설명이 요구되는 것이지요. 우리에게 익숙한 용어로 말하자면 결국 '세계관'의 문제에 직면합니다. 이것을 스윈번은 '경쟁 이론' 또는 줄여서 '이론'이라고 부릅니다. 스윈번은 세 가지를 언급합니다. 첫 번째가 **"유물론"**materialism입니다. 유물론은 스윈번의 용어들을 사용해서 말하자면 인격적 설명에 포함된 모든 요인들의 존재를 비롯하여 그 활동까지도 완전한 무생물적 이유를 가진다고 여기는 관점입니다. 물론 이 관점이 궁극적인 설명을 제공해 줄 수 있는 최선의 설명 방식이라고 스윈번은 생각하지 않습니다. 그러나 스윈번은 자신이 할 수 있는 만큼 주의를 기울여 유물론이 제공하는 세계관과 인간관을 잘 살펴보고 있습니다. 두 번째는 **인간주의**humanism라고 부르는 사상입니다. (이 사상은 이 책에서 언급만 될 뿐 구체적으로 논의가 되지는 않습니다.) 세 번째는 신의 존재를 수용하는 **유신론**theism의 입장입니다. 신은 우리가 몸담고 있는 우주 안에 있는 물질적 대상들의 존재와 그들의 힘과 성향을 매 순간 보존하며 우리가 우리 자신의 몸에 영향을 주듯이 신도 이 세계에 영향을 주는 방식으로 활동한다고 유신론자는 믿습니다. 신은 신체에 의존하지 않으면서도 자연법칙이 효력을 발생할 수 있도록 세계를 유지시키고, 인간을 존재하게 하며 인간으로 하여금 자신이 하는 행동의 목적을 형성할 수 있도록 허용하고, 인간에게 어떤 선택을 해야만 하도록 강제하지 않는다고 유신론은 받아들입니다.

이제 중요한 것은 방금 이야기한 세 가지 '경쟁 이론'을 설명 이론에 요구되는 기준(스윈번은 네 가지 기준을 이야기하고 있습니다)에 비추어 평가해 보아야 한다는 것입니다. 여기서 스윈번은 "궁극적 설명에 대한 이론, 곧 관찰할 수 있는 현상들을 예측하는 가장 단순한 이론이 참일 확률이 높다"라고 주장합니다. 스윈번은 예로부터 내려온 "단순함이 참됨의 표지"simplex sigillum veri를 기치로 내겁니다. 가장 단순한 방식으로 최선의 설명을 제공해 주는 이론이 가장 좋은 이론이라고 보는 것이지요. (경쟁 이론을 네 가지 기준에 의거하여 평가한 부분은 본문 60쪽을 참고하시기 바랍니다.) 스윈번의 결론은 다음과 같습니다.

> "이 책의 논지thesis는 유신론이 단연코 모든 현상에 대한 가장 단순한 설명을 제공한다는 것이다. 나는 유물론이라는 가설이 단순하지 않음을 주장할 것이다. 어떤 범위의 현상들은 유물론으로는 설명이 불가능해 보인다. 인간주의는 유물론보다도 더 복잡한 가설에 불과할 뿐이다."•

• 스윈번, 『신은 존재하는가』, p. 84.

스윈번이 이 책에서 하고 있는 작업은 유신론 변호입니다. 유신론이 우주와 우리 자신의 존재, 그리고 우리 자신의 행위를 의미있게 설명해 주는 최선의 지적 체계임을 스윈번은 이 책에서 논증하고 있습니다. 이러한 방법론적인 배경을 염두에 두고 스윈번의 책을 읽어나간다면 그의 논리 전개 방식이 명료하게 이해되리라 믿습니다. 논의의 과정을 천천히 한 단계씩 따라 가보시길 바랍니다.

○ ○ ○

이제 스윈번이 누구인지, 그가 한 작업이 무엇인지 잠시 살펴보겠습니다. 리처드 스윈번Richard Swinburne(1934년 출생)은 현존하는 영국 철학자 가운데 기독교 신앙과 관련된 주제들을 철학적으로 가장 엄밀하게 논의한 학자입니다. 스윈번은 20세기 후반 영미철학계에 널리 수용된 분석철학과 과학 방법론을 종교철학에 적용하였습니다. 우리가 살고 있는 시대는 과학이 지식의 패러다임이 된 시대이기 때문에, 예컨대 신경생리학이나 양자론 분야에서 최근 이룩한 발전을 진지하게 고려하지 않으면 어떤 철학이라도 설득력을 기대할 수 없다고 스윈번은 생각합니다. 말하자면 스윈번은 명료함과 엄밀함을 지니면서도 동시에 현대 과학의 발전을 충분히 반영하는 철학자라고 할 수 있습니다. 이 점에서 스윈번은 토마스 아퀴나스에게서 자신의 모범을 찾습니다. 스윈번이 보기에 아퀴나스는 중세 당대의 철학적-과학적 지식에 힘입어 하나님께로 나아가는 길을 논증해 보인 철학자요, 신학자였습니다. 스윈번은 현대의 과학과 철학을 사용하여 기독교 신앙이 지적으로 가장 신뢰할 수 있는 이론임을 보여주고자 하였습니다.•

스윈번은 1963년부터 헐Hull 대학에서 가르치기 시작했고 첫 10년 동안은 주로 과학철학 분야의 연구와 집필에 집중했습니다. 그렇게 해서 나온 작품이 『공간과 시간』(*Space and Time*, 1968)과 『확증 이론입문』(*Introduction to Confirmation Theory*, 1973)이었습니다. 킬Keele 대학으로 옮긴 후부터는 종교철학 연구를 시작하여 그의 유명한 3부작이 빛을 보기 시작합니다. 첫 번째 책은 신이 존재한다고 말함이 무슨 의미인지를 다룬 『유신론의 정합성』(*The Coherence of Theism*, 1977, 개정판 2016)이고, 두 번째 책은 신이 존재할 확률이 그렇지 않을 확률보다 훨씬 높음을 주장한 『신의 존재』(*The Existence of God*, 1979, 개정판 2004)이며, 마지막으로 세 번째 책은 신의 존재가 실제 종교 생활에 가진 의미를 살펴본 『신앙과 이성』(*Faith and Reason*, 1981, 개정판 2005)입니다.

이처럼 신 존재의 의미와 신 존재의 정당화, 그리고 신 존재가 구체적인 삶에 대해서 가지는 의미를 탐구하는 일에 두 번째 10년을 쏟은 이후에, 스윈번은 기독교 신앙과 관련된 실제적인 내용들을 철학적으로 다루기 시작합니다. 첫 번째로 한 작업은 인간을 유물론적으로 보는 관점에 대항해서 인간에게는 신체와 영혼, 곧 두 실체가 있다는 주장(실체이원론)을 펼치는 것이었습니다. 이 주제로 아버딘 대학에서 기포드 강의를 하게 되었고, 얼마 후 이 강연을 정리하여 『영혼

• 자세한 이야기는 그의 자전적인 글을 읽어 보기 바란다. Kelly James Clark, *Philosophers Who Believe. The Spiritual Journeys of 11 Leading Thinkers*. Downers Grove, Illinois: IVP, 1993, pp. 179-202. (『기독교 철학자들의 고백』 살림)

의 진화』(*The Evolution of the Soul*, 1985)란 이름으로 출판합니다. 이 책이 나올 즈음 스윈번은 옥스퍼드 대학의 기독교철학 놀롯 석좌 교수 Nolloth Professorship in the Philosophy of Christian Religion가 되었고, 곧이어 기독교 신앙에 관한 4부작을 저술하였습니다. 첫 번째 작업이 『책임과 화해』(*Responsibility and Atonement*, 1989), 두 번째 책이 『계시』(*Revelation*, 1991, 개정판 2007), 그리고 세 번째와 네 번째 책이 삼위일체 교리와 성육신을 다룬 『기독교의 하나님』(*The Christian God*, 1994)과 하나님의 섭리와 악의 문제를 다룬 『섭리와 악의 문제』(*Providence and the Problem of Evil*, 1998)입니다. 이 모든 작업의 목적은 기독교 신앙이 열등하기는커녕 지적으로 존중받을 만한 신앙임을 논증해 보이는 것이었습니다. 이것으로 스윈번은 자신의 일생의 과업을 충분히 수행했다고 믿었습니다.

스윈번은 그러나 멈추지 않았습니다. 그의 대표적인 3부작과 4부작 외에도 『기적』(*Miracles*, 1989), 『진리의 증거로서의 단순성』(*Simplicity as Evidence of Truth*, 1997), 『지식의 정당화』(*Epistemic Justification*, 2001), 『성육신한 하나님의 부활』(*The Resurrection of God Incarnate*, 2003), 『자유의지와 현대과학』(*Free Will and Modern Science*, 2011), 『지성, 뇌, 자유의지』(*Mind, Brain, and Free Will*, 2013)도 출판하였습니다. 스윈번의 주저들은 대부분 개정판이 나왔고 조금 더 많은 사람들이 읽을 수 있도록 쉽고 간략한 방식으로 논의를 전개한 책도 내었습니다. 이 책 『신은 존재하는가』*Is There a God?*와 『예수는 신인가』*Was Jesus God?*, 그리고 최근에 나온 『우리는 몸인가 영혼인가』*Are We Bodies or Souls?*는 가장 대중적이면서도 스윈번의 작업 전체를 간결하게 보여줍니다.

○ ○ ○

이 책은 2014년 가을 제가 서강대에서 마지막으로 가르쳤던 과목인 〈종교철학〉의 교재였습니다. 이때 학생들이 각 그룹으로 나누어 원문을 우리말로 옮기는 작업을 시도하였고, 그 노력을 바탕으로 삼아 이 책을 번역하게 되었습니다. 이 수업에 참석했던 (강단에서 마주 볼 때 오른편 의자에서부터 왼편 의자에 앉았던 순서대로) 김진희, 김우준, 김예린, 김재준, 황수현, 홍석주진, 이성은, 박병준, 최윤정, 성명비, 허두혁, 이규동, 박선민, 박수용, 한민영, 정우엽을 기억합니다. 그리고 이곳 미국 칼빈신학교에서 철학신학과 조직신학을 공부하고 있는 신주영 목사가 저와 함께 이 책의 번역 작업을 마치기까지 많은 수고를 기울였습니다. 계약한 지가 오래 되었는데도 끝까지 기다려 주시고 아담한 책으로 만들어 주신 〈복 있는 사람〉의 박종현 대표와 문신준 팀장, 그리고 편집부 직원들에게 감사를 드립니다. 이제 이 책을 읽고 유익을 누리는 일은 여러분 각자에게 달렸습니다. 차근히 읽어 보시고 흥미가 생기신다면 조금 더 전문적인 스윈번의 책을 손에 들기를 바랍니다.

2020년 3월 칼빈신학교 연구실에서

강영안

개정판 서문

지난 삼사십 년 동안 영어권 철학자들 사이에서 신의 존재에 대한 진지한 논의가 되살아났다. 이 책(초판 1996년, 개정판 2009년)을 저술하는 목적은 내가 『신의 존재』(*The Existence of God*, 초판 1979년, 재판 2004년)에서 훨씬 더 길게 변호하였던 신의 존재에 대한 긍정적인 주장을 요약하여 더 많은 대중들에게 제시하기 위함이다. 오늘날 신의 존재에 대한 대중들의 생각은 자연스럽게 생물학적 진화의 구조에 관한 현대 과학의 발견과, 135억년 전 빅뱅 이후 우주의 발전과, 다른 우주들의 존재 가능성 등으로부터 큰 영향을 받고 있다. 그러나 이러한 발견들은 우리 우주와 다른 우주들의 존재와 활동을 일으키고 지속시키는 신이 과연 과학자들이 발견하는 규칙적인 과정과 (때로는 간섭하기도 하면서) 조화를 이루는지, 혹은 우주의 존재와 활동에 대하여 더 이상의 궁극적인 설명이 없는지 등에 대하여 물음을 던질 공간을 열어놓고 있다.

나의 주장의 기본 구조는 다음과 같다. 과학자, 역사학자, 고고학자들은 자료를 관찰하고, 그로부터 해당 자료를 가장 잘 설명하는 어떤 이론을 도출해 낸다. 우리는 특정 이론이 다른 이론보다 더 낫다는 결론에 도달함에 있어서 그들이 사용하는 기준들을 바탕으로, 그 이론이 해당 자료에 근거하여 참이 될 가능성이 높다고 분석할 수 있다. 우리는 동일한 기준들을 통하여 신이 존재한다는 주장이 단지 어떤 좁은 범위의 자료뿐만 아니라 우리가 관찰하는 '모든 것'을 설명한다는 것을 발견한다. 신이 존재한다는 주장은 다음과 같은 사실들을 설명한다. 즉 우주가 실제로 존재하며, 그 안에서 과학법칙들이 작용하고 있다는 사실과, 우주에는 복잡하게 구성된 신체를 가진 의식이 있는 동물과 인간이 있다는 사실과, 우리는 우리 자신과 세계를 발전시킬 수 있는 풍부한 기회들을 가지고 있다는 사실과, 동시에 사람들이 기적들을 보고하며 종교적 경험을 가진다는 좀 더 특수한 사실을 말한다. 과학적인 원인들과 법칙들이 이 사실들 중 일부를 설명할 수 있다고 여긴다면, 이 원인들과 법칙들 역시도 설명이 되어야 하는데, 바로 신의 행위가 이것들을 설명한다. 과학자들이 자신들의 이론에 도달하기 위해 사용하는 그 기준들이 우리를 이끌어 그 이론들 너머에서 존재하는 모든 것을 지탱하는 창조주에게로 향하게 한다.

일부 현대 신학자들은 내가 1장에서 서술하는 신의 개념, 곧 본질적으로 전능하고, 전지하며, 완전히 자유로운 인격체라는 개념은 기독교의 신관이 아닐뿐더러 심지어 유대교나 이슬람교의 신관도 아니라고 이의를 제기한다. 그들은 나의 논지가 이 종교들과는 아무런 연관이 없다고 주장한다. 이러한 반박은 두 가지 유형으로 나뉜다. 첫째로, 내가 '능력', '앎'과 같은 일반적인 용어들로 '신'의 존재를 논증하는 반면에, 유일신 종교의 전통을 따라 신은 전적으로 불가해한 존재라고 주장하는 입장이 있다. 나는 우리가 신에 대해 말할 때에는 인간에게 일상적으로 적용하는 단어들의 뜻을 어느 정도 확장하거나 비유적인 의미로 사용해야 함을 거부하지 않기를 바란다. 마치 물리학자들이 전자electron의 성질을 이야기할 때에 '파동'이나 '입자'를 어느 정도 유비적인 의미로 사용하는 것처럼 말이다.• 따라서 나는 신이 '어떤 의미에서는' 인격체라고 (30쪽에서) 주장한다. 하지만 그 의미는 어느 정도 비유적일 수밖에 없다. 만일 기독교 혹은 유대교나 이슬람교 전통에서 신은 전적으로 불가해하므로 우리가 '능력 있는', '아는', '사랑하는', '긍휼한', '자비로운'과 같은 말로 신을 이해하는 것이 무의미하다고 한다면, 이는 동시에 우리가 신을 경배할 만한 타당한 이유가 되는 성품들이 신에게 있다는 주장과 양립할 수 없다. 사람들은 여러 이유들 중에서도 신이 사랑이라는 점에서 그를 경배한다. 만약 신의 '사랑'이 인간의 사랑과 유사한 점이 하나도 없다면 우리는 이 말을 이해할 수 없을 것이다. 그리고 지난 2,000년간의 기독교 전통의 신조들과 교리서들에 익숙한 사람이라면 누구나 기독교 전통이 내가 1장에서 논의하는 방식대로 신의 성품을 묘사하고 있음을 알 수 있을 것이다. 기독교 전통에서 신은 전적으로 불가해하다고 여겨지지 않는다. 두 번째 반대 유형은 기독교의 신이 한 위격이 아니라 '한 본질에 세 위격'(삼위일체 교리)이며, 따라서 나의 주장은 그러한 신의 존재를 증명하지 못한다는 입장이다. 나의 논의들은 기독교인, 유대교인, 이슬람교인이 비슷하게 예배하는 신의 존재, 곧 기독교 전통이 '성부 하나님'이라 부

• 일상에서 'wave'는 '물결', 'particle'은 '조각'을 뜻하지만, 과학에서는 이 단어들의 원의미를 간직하면서도 비유적으로 확장된 '파동'과 '입자'로 사용한다.

르는 신이 누구인지를 보여주고자 계획되었다. 더 나아가 기독교에서는 구체적으로 성부 하나님께서 그의 신적 본성으로 말미암아 '영원으로부터' 다른 두 신적 위격인 성자와 성령을 나오게 하시고, 이러한 상호의존성에 의하여 더 넓은 의미에서 하나의 '인격적 존재'이신 한 분 '하나님'을 이룬다고 주장한다. 그러나 이를 논하는 것은 이 책의 범위를 벗어나므로, 나는 이 책과 짝을 이루는 『예수는 신인가』(*Was Jesus God?*, 2008년 출판)에서 다룰 것이다.

본 개정판에서는 여러 사소한 오기를 바로잡고, 초판의 원문에 중요한 수정을 가했으며, 핵심적인 단락을 하나 더하였다. 또한 '참고도서'도 포함되었다. 중요한 수정 사항으로는 59-60쪽과 79-86쪽에 있는 문단들을 개정한 것인데, 초판에서는 경시되었던 '충분한 설명'full explanation, '완전한 설명'complete explanation, '궁극적 설명'ultimate explanation의 차이를 명확하게 구별하였다. 이를 통하여 유물론은 제공해 주지 못하는 세계에 대한 가장 단순한 궁극적 설명을 어떻게 유신론이 할 수 있는지를 더욱 분명히 밝힐 수 있게 되었다. 핵심적인 추가 사항으로는 우리 우주의 미세조정과 다중우주의 존재 가능성으로부터 신을 논증하는 것의 관련성에 관하여 116-123쪽에 새로운 절을 넣은 것이다. 또한 초판의 논변에서 덜 중요한 부분들은 생략하여 책의 분량을 초판과 비슷하게 맞추었다.

1장

신

1장 신

나는 이 책을 통해 **서양 종교**(기독교, 유대교, 이슬람교)에서 일반적으로 이해하는 방식으로 **신이 존재한다는 것**을 주장하고자 한다. 나는 이러한 주장을 유신론theism이라 부른다. 이 장에서 나는 신이 존재한다는 주장이 무엇을 의미하는지를 상세히 설명하고자 한다. 그리고 이어지는 장들에서는 우리가 이 주장이 참이라고 믿을 수 있는 근거들을 살펴보려고 한다. 내가 이 장에서 신이 어떤 행동을 하며 그가 어떤 존재인지를 설명할 때, 나는 신이 존재하는 것을 기정사실로 여기는 것이 아니라 단지 신이 존재한다는 주장의 의미를 서술하는 것이라는 점을 강조하겠다. 또한 내가 신이 존재한다는 주장을 평가할 때에 서양 종교에서 예배의 대상이 되는 '신'과는 상당한 차이가 있는 다른 '신'들은 직접적인 고려의 대상이 아니다. 다만 관찰된 자료를 유신론이 잘 설명한다는 사실을 여러 각도에서 논증할 경우에는 다른 가설들을 때때로 언급할 것인데, 이는 '신'을 다른 의미로 이해하게 된다면 자료에 대한 설명이 불충분해지는 것을 보여주기 위함이다. 심지어 서양 전통의 주류 내에서도 신이 어떤 존재인가에 대하여 의견 차이가 있었기 때문에, 나는 이 장에서 이런 차이점들을 주목하여 보고 어떤 관점으로 신의 존재를 파악하는 것이 더 선호할 만한 것인지 제안하고자 한다.

유신론은 신이 인격적인 존재, 즉 어떤 의미에서는 **인격체** person라고 주장한다. 인격체란 의도적으로 행동할 수 있는 기본적 능력basic power, 목적purpose, 그리고 믿음belief이 있는 개별자를 말한다.

의도적 행위intentional action란 예를 들어 아래층으로 내려가거나 말하고자 하는 바를 말하는 것처럼 의도를 가지고 하는 행동을 말한다. 기본적 행위basic action도 의도적으로 행동하는 것이지만 다른 의도적 행위를 하기 위한 행동은 아니다. 가령 내가 옥스퍼드에서 런던으로 가는 것은 비非기본적 행위non-basic action인데, 이는 이동하기 위하여 역으로 가고 열차를 타는 등의 다양한 [의도적인] 행동들을 취하기 때문이다. 하지만 내 손을 움켜쥔다거나 다리를 움직인다거나 심지어 '이것'이라고 말하는 행동들은 모두 기본적 행위이다. 왜냐하면 이러한 행위는 다른 의도적 행위를 하지 않으면서 행하기 때문이다. (물론 기본적 행위를 수행함에 있어서도 특정한 일들, 예컨대 신경세포가 자극을 전달하는 일은 내 몸에서 일어나야만 한다. 그러나 이런 일들은 내가 의도를 가지고 일으키는 것은 아니다. 이런 일들은 저절로 일어나며 나는 그 일들이 일어났다는 것을 모를 수도 있다.) **기본적 능력**이란 기본적 행위를 수행하는 능력을 지칭한다. 우리 인간들은 서로 비슷한 정도의 기본적 능력을 소유하고 있다. 이 능력은 보통 사고력에 의해, 또 우리가 신체라고 부르는 작은 물질 덩어리에 의해 제한을 받는다. 나는 신체를 통해 의도적으로 행동해야만 신체 외부에 영향력을 끼칠 수 있다. 나는 내 손으로 문고리를 잡아서 내 쪽으로 당겨야 문을 열 수가 있다. 나는 나의 입을 움직여 말함으로써 상대방에게 무언가를 알려줄 수 있다. 내가 어떠한 영향을 의도적으로 산출하기 위해 (예컨대 문을 열기 위해)

다른 특정한 (예컨대 문을 당기는) 행동을 한다면, 전자의 행동은 비기본적 행위인 것이다. 내가 런던에 가는 것이나 책을 쓰는 것이나 벽에 못을 박는 것 모두 내가 어떤 기본적 행위를 함으로써 이루어지는 비기본적 행위들이다. 내가 의도적 행위를 할 때에는 (예컨대 방에서 나가기 위해 문을 여는 행위처럼) 단지 행동하는 것 자체를 넘어서는 어떠한 목적을 이루기 위한 것이지만, 때로는 (노래하고 싶어서 노래를 부르는 행위처럼) 행동 그 자체로 행위가 되기도 한다.

믿음belief은 세계에 대한 관점이며, 대체로 참이지만 간혹 거짓이기도 하다. 믿음이 참이며 정당화될 때에는 지식을 구성한다. 우리의 신체 너머의 세계에 대한 지식은 신체 외부의 세계에서 주어지는 빛, 소리, 냄새 등의 자극들이 우리의 신체에 도달하면서 형성된다. 빛의 입자가 우리의 눈에 닿고, (말소리를 포함한) 소리의 파동이 우리의 귀에 닿기 때문에 우리는 세계에 대한 지식을 습득하게 된다.

신은 기본적 능력, 믿음, 목적을 가진다는 점에서 우리와 비슷하다고 여겨지지만, 신의 기본적 능력, 믿음, 목적은 우리의 것과는 매우 다르다. 인간은 남성이거나 여성이다. 하지만 유신론자는 당연히 신은 남성도 여성도 아니라고 주장한다. 그런데 영어에는 안타깝게도 성별에 대한 암시가 없는 개인을 가리키는 대명사가 없다. 따라서 나는 남성성에 대한 암시는 배제하되, 신을 '그He'라고 지칭하는 관례를 따르고자 한다.

신의 기본적 능력 God's basic power은 무한하다고 여겨진다. 신은 스스로 원한다면 어떤 일이라도 기본적 행위처럼 행할 수 있으며 뼈와 근육의 도움이 없이도 그 일을 특정한 방식으로 일으킬 수 있다.

그는 물체를 포함하여 어떤 실체라도 존재하게 할 수 있으며 매 순간마다 보존할 수도 있다. 우리는 우리 자신의 기본적 능력이 단지 물체를 움직이는 것에만 그치지 않고, 펜을 만든다거나 토끼를 존재하게 하는 것처럼 대상들을 즉각적으로 창조하고 보존하며, 후에는 더 이상 존재하지 않게 하는 능력에까지 확장된 모습을 상상해 볼 수 있다. 비록 이러한 가정에 모순은 없지만, 확실한 것은 이러한 능력을 지닌 사람은 없다는 사실이다. 유신론자는 신이 크고 작은 모든 것을 창조하고 보존하며 또한 소멸시킬 능력이 있다고 주장한다. 그리고 신은 사물들을 움직이게 할 수도 있고 어떠한 것이든 하게 만들 수도 있다. 신은 과학자들이 발견했듯이 물체들이 서로 끌어당기거나 밀어내게 할 수 있으며, 그것들로 하여금 다른 사물에 영향을 주어 무엇을 하게 하거나 다양한 상황을 겪게 할 수 있다. 신은 행성들이 케플러가 발견한 대로 움직이게 할 수 있고, 화약이 성냥불에 닿을 때 폭발하게 할 수 있지만, 반대로 그는 행성들이 상이한 궤도로 움직이게 할 수도 있고, 화학 물질이 현재 주어진 조건과 다른 조건에서 폭발하게 하거나 또는 폭발하지 않게 할 수도 있다. 신은 자연법칙에 제한받지 않는다. 오히려 신은 그 법칙들을 만들며, 원한다면 그것들을 바꾸거나 멈추게 할 수 있다. 전문용어로 표현하자면 신은 **전능**omnipotent하다. 신은 무엇이든 할 수 있다.

인간의 믿음은 그들 자신의 능력에 따라 제한을 받으며 일부는 참이지만 일부는 거짓이기도 하다. 반면에 신은 **전지**omniscient하다고, 즉 모든 것을 안다고 여겨진다. 다른 말로 하면, 만일 어떠한 것이 참되다면 신은 그것이 참이라는 것을 안다는 뜻이다. 만약 기원전 1,000만년 1월 1일에 현재의 뉴욕에 해당하는 지역에 눈이 내렸다면 신은 그 때 그곳에 눈이 내렸다는 것을 안다. 만일 (수학자들이 지난 300년간 발견하기 위해 노력한) 골드바흐의 추측Goldbach's conjecture•에 대한 증명이 있다면 신은 그 증명이 무엇인지 알고 있으며, 만약 증명이 존재하지 않는다면 신은 증명이 없다는 것도 안다. 신의 모든 믿음은 참이며, 신은 참인 모든 것을 믿는다.

인간은 자신의 목적을 형성할 때에 여러 선택들 중 어떤 한 가지를 택하게 만드는 내재된 성향들, 곧 욕망에 의해 영향을 받는다. 우리의 욕망에는 식욕, 수면욕, 성욕 등 신체적 생리 현상에서 비롯된 것들과, 부와 명예처럼 문화에 의해 형성된 것들이 있다. (적어도 내가 보기에) 우리는 어느 정도 우리의 욕망에 대항하여 싸울 수 있으며, 우리가 자연적으로 이끌리는 행위가 아닌 다른 행동을 할 수 있다. 하지만 그렇게 하기 위해서는 노력이 필요하다. 인류에게는 제한된 자유의지가 있다. 그렇지만 신은 그러한 제한을 받지 않는다고 여겨진다. 신에게는 욕망이 전혀 영향을 미칠 수 없기에 그는 **완전히 자유롭다** perfectly free. 신은 자신이 원하는 대로 행할 수 있는 전능한 존재일 뿐만 아니라, 자신이 무엇을 원할 것인지조차 결정하는 완전히 자유로운 존재이다.

이와 같이 유신론에서는 신이 전능하고, 전지하며, 완전히 자유로운 인격체라고 주장한다. 그러나 우리는 이 주장의 의미를 매우

• '2보다 큰 모든 짝수는 두 소수素數의 합으로 표현할 수 있다'는 미증명의 정리로, 골드바흐가 1742년에 제기하였다.

신중하게 고찰해야 한다. **전능**한 존재는 무엇이든지 할 수 있다. 그렇다면 전능한 신은 우주를 존재하게 하면서 동시에 존재하지 않게 할 수 있다거나, 2+2가 5가 되게 할 수 있다거나, 네모이면서 동시에 둥근 도형을 만들 수 있다거나, 이미 일어났던 과거를 바꿀 수 있다는 것을 의미하는가? 대다수 종교 전통에서는 신이 이러한 일들을 행할 수 없다고 주장한다. 이는 신의 능력이 부족해서가 아니라 '네모인 동시에 둥근 도형을 만들라'와 같은 말들이 타당하지 않기 때문이다. 애초에 둥근 사각형이라는 모양을 충족시키는 것은 없다. 어떤 모양이 사각형이라고 할 때에는 그것은 둥글지 않음을 포함한다. 전문용어로 신은 (자기모순의 진술을 포함하여) 논리적으로 불가능한 것을 할 수 없다. 신은 우주가 존재하게도 할 수 있고 존재하지 않게도 할 수 있지만, 우주가 존재하면서 동시에 존재하지 않게 할 수는 없다. 이는 13세기의 위대한 기독교철학자이자 신학자인 토마스 아퀴나스가 처음 파악한 논지로서, 이후의 유신론자들은 지금 내가 설명한 방식대로 주장하고 있다.

신이 **전지**하다는 주장도 동일한 고려 사항을 염두에 두고 주의를 기울여서 이해해야 한다. 신에게 논리적으로 불가능한 일을 하도록 요구할 수 없는 것과 마찬가지로, 신에게 논리적으로 불가지한 일을 알도록 요구할 수는 없다. 어떤 사람이 내일 자유롭게 무엇을 할지를 (실수의 여지없이) 아는 것은 논리적으로 불가능해 보인다. 만약 내가 내일 런던에 갈지 아니면 집에 머물지 선택할 수 있는 자유가 있다고 해보자. 그런데 오늘 어떤 사람이 내가 내일 무엇을 할지에 대한 믿음, 예컨대 내가 런던에 갈 것이라는 믿음을 가졌다고 한다면, 나는 내일 집에 머묾으로써 그 사람의 믿음을 틀린 것으로 만들 수 있다. 따라서 어느 누구도, 심지어 신이라 할지라도 (실수의 여지없이) 내가 내일 무엇을 선택할지는 알 수 없다. 그러므로 우리는 신의 전지함을 신이 해당 시점에 논리적으로 알 수 있는 모든 것을 아는 것이라고 이해해야 한다. 이는 인간들이 자유롭게 선택한 행동들이 실제로 발생하기 전에 그 행동들이 무엇인지 미리 아는 지식은 포함하지 않는다. 신은 전능하기 때문에 그가 자유로운 인간들이 존재하기를 허락했다면 자유로운 인간들은 실제로 존재할 수 있다. 따라서 신적 전지성에 대한 제한은 자유로운 존재를 창조한 신 스스로의 선택으로부터 말미암으며, 이는 신이 예견할 수 있었던 결과이다. 한편, 자유로운 존재들이 행동하기 이전에는 신 역시 (실수의 여지없이) 그들이 무엇을 할 것인지 알지 못한다는 나의 생각은 기독교(혹은 유대교나 이슬람교)의 일반적인 관점은 아님을 독자들에게 분명히 밝혀둔다. 그렇지만 나의 관점 또한 성경 본문에서 유추할 수 있다고 본다. 일례로 요나서의 경우, 하나님이 실제로 니느웨를 무너뜨려야 한다고 생각했기 때문에 요나에게 니느웨로 가서 멸망이 임박하였음을 선포하라고 명령했다고 해석하는 것이 자연스럽다. 하지만 다행히도 니느웨 백성들은 회개하였고, 하나님은 더 이상 그의 예언을 성취할 필요를 느끼지 못하게 되었다. 나는 신에 대한 기본적인 기독교적 이해를 내적으로 명확하게 하는 과정을 통하여 신의 전지성에 대한 해석을 다듬어 가야 한다고 생각하며, 이는 아퀴나스와 같은 기독교철학자들이 일찍부터 추구했던 길이다.

이 모든 사실은 당연히 **인간에게 어느 정도 제한된 자유의지가 있다**는 것을 짐작하게 한다. 인간이 어떤 선택을 내릴지 완전하게 결정짓는 (두뇌의 상태나 신과 같은) 요인들이 없다는 점에서 우리에게 그러한 자유의지가 있다고 여겨진다. 오늘날에는 심지어 무생물의 세계도 완전히 결정론적인 세계가 아님을 과학자들이 밝혀내었는데, 그렇다면 사고와 선택의 세계는 확실히 이보다 예측 가능성이 더 낮은 세계이다. (이 주제는 5장에서 더 설명하겠다.)

유신론에 따르면 전능하고, 전지하며, 완전히 자유로운 인격체인 신은 **영원하다**eternal. 영원을 이해하는 데에는 두 가지 방식이 있다. 우리는 성경의 저자들이 분명하게 밝힌 대로 신의 영원을 '영속'everlasting으로 이해할 수 있다. 신은 과거의 매 순간 존재하였고, 현재에도 존재하며, 그리고 미래의 매 순간에도 존재할 것이라는 의미에서 영원하다. 다른 방식으로는 영원이라는 말을 '초시간'timeless으로 이해할 수 있다. 신은 시간의 차원 바깥에 존재한다는 의미에서 영원하다. 후자의 견해는 4세기부터 14세기까지의 위대한 철학신학자들(어거스틴, 보에티우스, 토마스 아퀴나스 등)이 신의 영원성을 이해한 방식이다. 이 관점에 따르면 신은 어제와 오늘 그리고 내일 존재하는 것이 아니라 엄밀히 말해서 시간을 초월하여 존재할 뿐이다. 신의 초시간적인 '순간'에, 그는 기원후 1995년과 기원전 587년의 사건들을 '동시에' 일으키며, 또한 기원후 1995년과 기원전 587년에 그 일들이 일어날 때 무슨 일이 일어났는지 동시에 안다. 하지만 나는 여러 이유로 이 의견을 납득할 수 없다. 예를 들어, 신이 기원후 1995년의 사건들을 (그것들이 발생한) 그 당시에 안다는 것의 의미가, 그가 1995년에 존재했고 1995년에 무슨 일이 일어났는지 안다는 것의 의미와 어떠한 차이가 있는지 나는 발견할 수 없다. 그렇다면 신은 동일한 지적 행위를 통해 기원전 587년의 사건들을 (그것들이 발생한) 그 당시에 알 수가 없는데, 이는 기원전 587년은 기원후 1995년과 다른 해이기 때문이다. 그러므로 나는 신의 영원성을 초시간성으로 이해하기보다는 영속성으로 이해하는 것이 더 바람직하다고 본다. 신은 끝없는 시간 가운데 매 순간 존재한다.

유신론이 신에게 돌리는 다른 모든 **본질적인 속성들**essential properties은 매 순간마다 그의 전능, 전지, 완전한 자유, 이 세 속성으로부터 연유한다. 그러므로 신은 **신체가 없다**bodiless고 여겨진다. 사람이 신체를 가진다는 것은, 개인이 홀로 그 물질 덩어리를 통하여 물리적 세계에 영향을 끼칠 수 있고, 그 세계에 대한 참된 믿음을 획득할 수 있다는 의미이다. 그러나 전능한 존재인 신은 신체에 의존하지 않고서도 세계에 영향을 끼칠 수 있으며 세계에 대한 지식도 얻을 수 있다. 신은 세계에 영향을 끼치거나 세계를 알아가기 위하여 물질에 의존하지 않기 때문에 그는 신체를 가지지 않을 것이다. 우리가 기본적 행위로서 팔을 움직이듯이 신도 기본적 행위로서 행성들을 운행한다. 신이 **편재**omnipresent한다는 것도 전능성으로부터 나오는데, 이는 그가 사지四肢와 감각기관과 가시광선의 작용이 없이도 모든 곳에서 영향을 끼칠 수 있고 모든 곳에서 일어나는 일들을 알 수 있다는 의미이다. 그러나 비록 신이 모든 곳에 존재할지라도 그가 공간적으로 확장된다는 의미는 아니다. 그는 신체가 없으므로 공간 가운데 부피를 차지하지 않으며, 따라서 공간적인 부분을 조금도 점유하지 않는다. 그가 한 장소에 존재한다는 의미에서 그의 전체는 모든 곳에 존재한다. 신의 한 부분은 영국에 있고 또 다른 부분은 미국에 있다는 의미가 아니다.

전능한 신은 스스로 원하기만 했더라면 우주가 존재하는 것을 멈추게도 할 수 있었다. 그렇다면 이 우주가 존재하고 있는 유일한 이유는 그가 존재하기를 허락했기 때문일 수밖에 없다. 따라서 신은 직접적으로 우주를 존재하게 했거나, 아니면 다른 대상들로 하여금 우주가 존재하도록 허용했을 수 있다. 그러므로 이러한 의미에서 신은 **우주의 창조자**이며, 동일한 논리로 그는 우주의 존재를 지속시킬 책임을 가지는 우주의 보존자이다. 신은 우주가 존재하는 한, 이 우주와 더불어 그 안에 포함된 모든 것들의 존재에 대해 책임이 있다. 우주는 과거의 특정한 연도로부터 유한한 시간 동안 존재했을 수 있다. 현재의 과학적 증거들을 미루어 볼 때 우주는 약 135억년 전 '빅뱅'과 함께 존재하기 시작했을 것이라고 추측된다. 그렇지 않다면 우주는 영원히 존재하고 있었을 수도 있다. 유신론자는 이러한 두 입장 가운데 어느 한 쪽에 기울어지지 않는다. 그렇지만 유신론자는 우주가 영원히 존재하고 있었다 하더라도 우주가 매 순간마다 존재하는 것은 신의 보존하는 행위가 매 순간마다 있기 때문이라고 주장한다.

신은 만물의 존재에 대해서 뿐만 아니라 그것들의 **힘**power과 **성향**liability에 대해서도 책임이 있다고 여겨진다. 가령 무생물들은 어떤 방향으로 움직인다든지 또는 서로를 당기거나 밀어낸다든지 하는 특정한 힘이 있다. 이는 내가 앞에서 언급했던 '기본적 능력', 즉 선택을 통해 의도적으로 어떤 행동을 한다는 의미로서의 힘은 아니다. 무생물의 힘은 영향을 산출해내기는 하지만, 이는 선택에 의해 혹은 목적을 이루기 위해 발휘되는 힘은 아니다. 일반적으로 무생물들은 특정한 환경에서 그것들이 가진 힘대로 행동할 수밖에 없다. 예를 들어, 적절한 온도와 압력이 주어졌을 때 화약에 불을 붙일 경우 반드시 폭발하게 된다. 바로 이것이 무생물들이 특정한 환경에서 힘을 발휘하게 되는 성향이 있다는 말의 의미이다. (미시적인 단위에서는 세계가 완전하게 결정론적이지 않다. 원자와 미립자들은 어떻게 행동할지에 대한 경향성, 즉 확률만을 가지고 있을 뿐이다. 원자와 미립자들이 힘을 발휘하는 성향도 오직 이러한 경향성에 의해 좌우된다. 하지만 이러한 무작위성이 선택의 문제는 아니기 때문에 그것들의 행동은 의도적이라 할 수 없다.) 유신론은 **신이 무생물들로 하여금 그들이 본래 가진 힘과 성향을 매 순간마다 가지고 있게 한다**고 주장한다. 신은 지속적으로 화약이 폭발할 힘을 가지고 있게 하며, 적절한 온도와 압력에서 점화될 경우 그 힘을 발휘할 성향을 지니게 한다. 이와 마찬가지로, 유신론은 신이 식물과 동물, 그리고 인간의 신체가 비의도적으로 하는 행동들에 한하여 (예컨대 혈액이 동맥과 정맥을 순환하여 공급되는 것 등) 힘과 성향을 가지게 한다고 주장한다. 그리고 신은 또한 인간의 존재에 대해서도 책임이 있다. 신은 우리가 신체적인 필요에 의해서만 행동하도록 만들 수도 있었다. 그러나 우리에게 제한적인 자유의지가 있다는 사실로 미루어 보건대, **신은 우리가 행동의 의도를 형성하는 것에 대해서는 간섭하지 않는다.** 그것은 우리에게 달린 것이다. 다만 신은 우리 안에 있는 기본적 능력을 순간마다 보존하여서 우리가 가진 의도대로 세계에 영향력을 행사할 수 있도록 보장한다. 신은 우리가 손을 움직이려는 의도를 형성할지 말지를 선택하는 것을 허용한다. 그리고 신은 평상시 우리가 의도를 형성할 때에 효력이 있도록 보장해 준다. 마치 우리가 손을 움직이고자 한다면 실제로 손이 움직이게 되는 것처럼 말이다.

신이 존재하는 대상들의 행동할 수 있는 힘과 성향을 보존하면서 어떤 효과를 만들어 내고자 할 때에, 그는 비非기본적 방식으로 결과를 산출한다. 만일 신이 화약의 폭발하는 '힘'과 점화되면 폭발하게 되는 '성향'을 보존하면서 화약을 폭발하게 한다면, 폭발 자체는 비기본적 방식으로 산출된다. 마치 내가 문을 내 쪽으로 당긴다면 문이 당연히 열리게 되는 것처럼 말이다. 신은 보통 이렇게 기본적이지 않은 방식으로 대상들이 평범한 역사적인 사건들을 일으키도록 만든다. 그러나 신은 기본적 행동으로 어떤 사건이든 일어나게 할 수 있다. 일반적으로 유신론자는 신이 때때로 기본적 방식으로 결과를 산출한다고 주장한다. 신은 종종 자연계에 관여하여 결과를 직접적으로 일으키기도 한다. 예를 들어, 신은 일반적인 치료 방법으로는 호전될 수 없는 암 환자를 낫게 하기도 한다. (신적 행위에 관해서는 7장에서 더 설명하겠다.)

신은 **전선**perfectly good하다고 여겨진다. 신의 전선함은 그가 완전히 자유롭고 전지한 존재라는 사실에서 연유한다. 완전히 자유로운 인격체는 필연적으로 자신이 (종합적으로 보았을 때) 최선의 행동이라고 믿는 행동만 할 것이며, (종합적으로 보았을 때) 악한 행동이라고 믿는 행동은 절대 하지 않을 것이다. 우리는 어떤 목표를 이루려고 할 때에, 성취하고자 하는 그 특정한 목표가 좋은 일이라는 생각을 가져야 의도를 형성하고 그 목표를 이루기 위하여 노력할 수 있다. 만일 내가 런던으로 가고자 한다면 나는 런던에 있는 것이 [나에게] 좋을 것이라 여겨야만 한다. 내가 런던에서 지내는 것을 즐기든지, 내가 런던에 있어야 불편한 상황을 모면할 수 있다든지, 또는 내가 의무적으로 런던에 있어야 하는 일이 있다든지 말이다. 어떤 목적이든지 간에 런던에 있는 것을 좋다고 여겨야 나는 런던에 갈 이유가 생기게 된다. 내가 만약 런던에 갈 이유가 전혀 없다면 내가 그곳에 가는 것은 내가 작정한 의도적 행위는 아닐 것이다. 사람의 의도적 행위는 부분적으로 합리적일 수밖에 없으며, 따라서 부분적으로는 이성적 판단을 따라야만 한다. 그러나 앞서 언급한 대로 우리 인간은 완벽하게 이성적인 존재가 아니며, 욕망에 의해 영향을 받는다. (욕망을 비이성적이라고 표현할 때에 나는 욕망이 잘못된 것이며 우리는 그것에 순응해서는 안 된다는 암시를 주려는 것은 아니다. 단지 나는 욕망이란 우리 자신에게서 찾을 수 있는 경향성이며 이성의 통제만으로 다룰 수 있는 대상이 아니라는 점을 부각하고자 한다.) 그러나 욕망으로부터 자유로운 인격체, 즉 이성적 판단에 의거해서만 의도를 형성하는 인격체는 필연적으로 그가 (종합적으로 보았을 때) 최선이라고 믿는 행동을 하든지 (만일 정도에 있어서 동등하게 최선이라고 여겨지는 행동이 여러 가지가 있다면) 최선의 행동들 중 한 가지를 수행할 것이다.

만약 무엇이 선하고 무엇이 악한가에 대한 **도덕적 진리들**moral truths이 있다면, 전지한 존재는 그 진리들이 무엇인지 알 것이다. 만일 거짓말이 항상 도덕적으로 잘못된 것이라면 신은 이를 알 것이다. 반면에 거짓말이 오직 특정한 상황에서만 잘못된 것이라면 신은 이것 또한 알 것이다. 간간이 제기되는 회의주의자들의 완고한 의심에도 불구하고 우리 모두는 거의 대부분 (도덕적인 의무를 포함하여) 도덕적으로 선한 행동과 (도덕적으로 잘못된 것들을 포함하여) 도덕적으로 악한 행동이 있다고 생각한다. 굶주린 사람에게 (때로는 돈과 같은) 무엇인가를 베풀어주는 것은 도덕적으로 선한 행위이다. 자신의 자녀들이 굶주릴 때에 먹이는 것은 도덕적 의무이다. 어린이들을 장난으로 고문하는 것은 잘못된 행위이다. 누가 이 진리들을 진지하게 부정할 수 있겠는가? 도덕적인 선함은 전반적인overall 선함인 것이다. 굶주린 사람들을 먹이는 것이 도덕적으로 선하다고 할 때에 그 행위가 모든 면에서 좋다는 것을 의미하지는 않는다. 우리의 돈이 줄어듦으로써 우리가 누릴 미래의 즐거움도 줄어들 수 있기 때문에 베푸는 행위가 모든 면에서 좋은 것은 아니다. 그렇지만 훨씬 더 깊은 차원에서 살펴보면, 사람들의 생명을 살릴 뿐만 아니라 그들에게 미래의 행복을 누릴 수 있는 기회를 풍성히 제공한다는 점에서 베풂은 선한 것이다. 결과적으로 그것은 전체적으로 보았을 때 선한 행동이며, 따라서 어떤 이들은 그것을 도덕적으로 선한 행동이라고 주장할 것이다. 전지한 신은 무엇이 도덕적으로 선한 것인지에 대해 참된 믿음을 가지고 있으며, 또한 완전히 자유롭기에 그는 (종합적으로 보았을 때) 최선이라고 여기는 행동을 할 것이다. 그러므로 신은 언제나 종합적으로 보았을 때 최선의 일을 할 것이며 종합적으로 보았을 때 악한 일은 절대 하지 않을 것이다. 따라서 신은 완전히 선한 존재일 것으로 여겨진다.

어떤 도덕적 진리는 신 존재의 유무와 관계없이 존재한다. 어린이들을 장난으로 고문하는 것은 신의 존재와 상관없이 악한 행동이다. 반면에 만일 유신론이 옳다면 우리는 신의 보존적 행위 덕분에 매 순간 존재하고 있으며 신은 이 경이로운 세상을 우리가 향유할 수 있도록 선물로 주었다. (물론 이 세계의 모든 면이 아름다운 것은 아니며 나는 그 좋지 않은 면들을 6장에서 다룰 것이다.) 한마디로 신은 관대한 은인恩人이다. 인간의 가장 근본적인 의무들 중 하나는 은혜를 베풀어준 사람에게 할 수 있는 한도 내에서 감사를 표현하는 것이다. 즉 은혜를 베풀어준 사람들이 보여준 대단한 호의에 대한 반응으로 그들이 부탁하는 작은 요구를 행하는 것이다. 만일 유신론이 옳다면 신은 단연코 가장 위대한 은인이며 다른 모든 은인들은 신의 보존적 능력에 의지하여 우리에게 은혜를 베푸는 것이다. 우리는 신에게 많은 것을 빚지고 있다. 그러므로 **신이 우리에게 무엇을 하라고 명한다면 (할 수 있는 한도 내에서) 그 명령은 우리에게 의무가 된다**. 좁은 범위에서 보자면 (우리가 어렸을 때에) 부모님이나 국가가 우리에게 요구하는 것들이 우리의 의무가 되었던 것처럼, 넓은 범위에서는 신이 우리에게 요구하는 것들 역시 우리의 의무가 된다. 예를 들어, 신이 특별히 주일에 예배드리는 것을 명하지 않았다면 그것은 의무가 되지 않았을 것이다. 하지만 신이 주일에 예배를 드리라고 명한다면 그것은 우리의 의무가 된다. (만일 신의 명령이 주일 대신 토요일이나 금요일을 지정한다면 그날에 예배드리는 것이 우리의 의무일 것이다.) 그리고 다른 이유들로 인하여 본래 우리의 의무인 것을 (예컨대 우리 자신의 자녀들을 잘 먹이고 교육시키는 것 등을) 신이 다시 명한다면 그것은 더욱 중요한 의무가 된다. 그러므로 신은 도덕적 의무의 근원이며 그의 명령은 도덕적 의무를 창출한다. 그러나 신은 우리의 의무인 것을 더 이상 의무가 아니도록 만들 수 없다는 것은 분명하다. 예컨대 신은 어린이들을 장난으로 고문하는 것을 옳은 일로 바꿀 수 없다. 악한 일을 하도록 명령하는 것은 잘못된 것이기 때문에 신은 그의 전선함으로 말미암아 그러한 일들을 명령할 수가 없다.

유신론자가 도덕적 진리들 중에 신의 의지와 무관한 도덕적 진리들이 있다고 인정하는 것에 대해 현대의 독자들은 놀랄 수도 있다. 하지만 이 주제는 기독교철학 전통을 양분하는 쟁점이었다. 나는 신의 의지와 무관하게 존재하는 도덕적 진리가 있다는 입장, 곧 토마스 아퀴나스와 14세기의 스코틀랜드 철학자 둔스 스코투스로 대변되는 진영을 지지한다. 신은 이러한 진리들을 강요할 수 있지만, 변경할 수는 없다. 만약 '어린이들을 장난으로 고문하는 것은 옳지 못하다'와 같은 도덕적 진리가 신의 의지와는 독립적으로 존재한다면, 그 진리들은 '어떤 모양도 둥근 동시에 네모일 수는 없다'와 같은 문장과 유사한 개념일 것이다. 도덕적 진리들은 세계가 어떻게 변하더라도 지속되어야 한다. 왜냐하면 그러한 진리들이 지속되지 않는다고 가정하는 것 자체가 궁극적으로 상식에 맞지 않기 때문이다.

선한 행위에는 두 가지 유형이 있다. 하나는 **의무**obligation이며 다른 하나는 의무를 넘어서는 **의무 이상의**supererogatory **선행**이다. 만일 우리가 의무를 다하지 못한다면 비난을 받겠지만, 보통의 경우에 의무를 다한다고 해서 칭찬을 받지는 않을 것이다. 이와는 반대로, 우리가 의무 이상의 선행을 하지 못하였다고 비난을 받지는 않겠지만, 우리가 그것들을 행한다면 칭찬을 받을 것이다. 그 경계가 정확히 어디인지는 불분명하지만 그러한 구분이 있다는 것은 확실하다. 내가 만약 돈을 빌렸다면 갚아야 할 의무가 있다. 만일 빌린 돈을 갚지 못한다면 나는 비난을 받을 것이지만, 보통의 경우에 내가 빌린 돈을 갚는다고 해서 칭찬을 받지는 않는다. 이와는 반대로, 나는 내 옆에 서 있는 친구의 목숨을 구하기 위하여 곧 폭발할 수류탄 위에 내 몸을 던질 의무는 없다. 그러나 만일 내가 그렇게 행동한다면 나는 분명히 최고의

찬사를 받을 것이다. 대부분의 경우에 의무는 어떤 혜택을 자발적으로 받아들이거나 어떤 업무에 자발적으로 착수하였을 때 발생한다. 내가 결혼을 하였다고 해서 자녀를 낳을 의무는 없다. 그렇지만 내가 자녀들을 낳는다면 나는 자녀들을 먹이고 교육시킬 의무가 있다. 이는 신이 인간을 창조하기 전에는 어떤 의무도 가지고 있지 않았음을 의미한다. 비록 신이 인간을 비롯하여 다른 존재들을 창조한 것은 신에게 의무 이상의 선행이었을지라도, 신이 그들을 창조했다면 신은 그들에 대한 의무를 가지게 된다. 그 의무들이 정확히 무엇인가에 대해서는 논쟁의 여지가 있지만, 일반적으로 기독교 전통은 신이 우리에게 약속을 하였다면 그는 그것을 지킬 의무가 있다고 주장한다.

어떤 상황에서든 의무를 다하지 못하는 것은 전반적으로 좋지 않은 행동이지만 의무에도 한계는 있다. 신은 전선하기 때문에 자신의 의무들을 쉽게 수행할 수 있다. 인간도 자신의 능력의 한계로부터 발생하는 제한을 제외하면 의무 이상의 선행을 함에 있어서 한계는 없다. 그러나 우리 인간은 제한된 능력을 가지고 있기 때문에 의무 이상의 선행 역시 매우 제한적으로 할 수 있을 뿐이다. 나는 내가 저축한 돈을 어느 한 자선 단체에 기부할 수 있다. 하지만 그렇게 한다면 다른 자선 단체에는 기부할 수 없게 된다. 만일 내가 영국에 있는 아이들을 돌보기 위해 삶을 바친다면 먼 나라에 있는 아이들은 돌볼 수가 없을 것이다. 그러나 신의 능력은 제한받지 않는다. 그렇지만 우리가 보았듯이 신이라고 해도 논리적으로 불가능한 일은 할 수 없다. 가능한 의무 이상의 선행을 모두 하는 것은 논리적으로 불가능하다. 신이 인간을 포함하여 존재들을 창조한 것은 좋은 일이다. 하지만 신이 얼마나 많은 존재들을 창조했든 간에 그가 (무한하게 넓은 우주를 가득 채울 정도로) 더 많은 존재들을 창조했다면 더 좋은 일이었을 것이다. 왜냐하면 인간의 삶이 전반적으로 좋은 것이라면, [인간이] 많을수록 더 좋을 것이기 때문이다. 신은 모든 가능세계possible world 중에서 최선의 세계를 창조할 수 없다. 최선의 세계는 존재할 수가 없는데, 왜냐하면 어떠한 세계라도 더 많은 존재들을 추가함으로써 더 좋게 만들 수 있기 때문이다. 이 외에도 세계를 더 발전시킬 수 있는 다른 방법들도 충분히 많다는 사실에는 의심의 여지가 없다. 그렇다면 **신의 전선**은 무엇을 뜻하는가? 신이 모든 가능한 선한 행동을 한다는 것은 (논리적으로 불가능하기에) 아니다. 아마도 신이 그의 의무를 다하는 것, 다시 말해 악한 행동은 하지 않고 선한 행동을 많이 하는 것을 의미할 것이다.

따라서 신의 전선은 그의 행위를 거의 제한하지 않는다. 신은 악한 행동을 할 수 없으며 그렇게 함으로써 그의 의무를 다해야 한다는 제한은, 신이 피조물들의 존재를 보존하면서 동시에 그들을 대하는 행동에도 약간의 제한을 줄 수 있다. 하지만 내 생각에는 그러한 제한이 신으로 하여금 피조물들을 가장 먼저 창조하게 하거나 피조물들을 영원히 존재하도록 (물론 그가 그렇게 한다면 좋은 일이겠지만) 만들어야 하는 의무를 지우지는 않는다. 그러나 신이 할 수 있는 선한 행동의 범위는 무한하다. 신은 무한히 많은 다른 우주들을 창조할 수 있고, 그의 창조적 사랑을 넘치도록 표현하면서 무수하게 많은 다른 일들을 할 수 있다. 하지만 비록 무한히 많은 다른 우주를 신이 창조할 수 있을지라도 그가 실제로 창조할 수 있는 우주의 유형kind은 매우 적었을 것이다. 신은 인간처럼 제한된 능력을 가진 존재가 있는 우주를 만들 수도 있었고, 그런 존재가 없는 우주를 만들 수도 있었을 것이다. 전자의 유형의 우주들 가운데 적어도 하나의 우주에는 존재할 확실한 선함[인간의 존재]으로 인해 신은 그러한 우주를 만들 가능성이 높다. 하지만 그 우주가 어떤 존재들을 얼마나 많이 포함할 수 있을 것인지에 대하여는 제한이 없다. 신은 (각각의 행동 모두 해야 할 이유가 있는) 무한히 많은 선한 행동들 중에서 어떤 행동을 취할 것인지 선택해야만 한다. 우리들이 (각각의 행동 모두 해야 할 동등한 이유가 있는) 여러 행동들 중에서 선택해야 하는 상황을 맞이하는 것처럼, 신 역시 그의 성품이나 다른 요소에 의해 결정되는 방식이 아니라, 어떤 이유를 근거로 행동할지를 결정해야 하는 상황에 놓일 때에 '정신적 동전 던지기'mental toss-up를 해야만 한다. 우리 인간도 때때로 그런 상황을 경험하기 때문에 이와 같은 비결정론적 합리적 선택non-determined rational choice의 작용을 이해할 수 있다.

따라서 신이 영원히 전능하고 전지하며 완전히 자유로운 존재라는 사실로부터 그가 영원히 신체가 없이 편재하는 우주의 창조자이자 보존자이고, 전선하며, 도덕적 의무의 기원이 됨을 유추할 수 있다. 그러나 유신론은 신이라는 존재가 단지 이러한 전능하고 전지하며 완전히 자유로운 속성들을 영원히 가지는 것에 그치는 것은 아니라고 강조한다. 유신론은 신이 이러한 속성들을 필연적으로 가지게 되는 바, 이를 **신의 본질적 속성**이라고 주장한다. 이 말의 의미를 설명하자면 다음과 같다. 모든 대상들은 본질적 속성과 우연적(즉, 비본질적) 속성을 가진다. 대상의 본질적 속성은 그 대상이 존재하는 한 잃어버릴 수 없는 것이다. 예를 들어, 내 책상의 본질적 속성들 중 하나는 공간을 점유하는 속성이다. 이 속성은 책상이 존재하는 이상 공간을 점유하는 것을 그만 둘 수 없게 한다. 이와는 대조적으로, 내 책상의 우연적 속성 중의 하나는 갈색을 띠는 것인데, 만일 내가 붉은색으로 책상을 칠하여서 갈색인 속성을 잃는다 해도 책상은 여전히 존재할 수 있다. 인격체는 (의도적) 능력과 목적과 믿음을 본질적으로 가질 수 있는 존재이다. 내 몸이 일시적으로 마비되거나 무의식 상태에 빠져서 내 사지를 움직이거나 사고할 수 있는 능력을 일시적으로 잃을 수도 있다. 그러나 내가 이러한 능력들을 (의학이나 다른 어떤 방법으로도 회복시킬 수 없을 정도로) 잃는다면 나는 존재하기를 그치게 된다. 반면에 모든 변화 가운데에서도 내가 동일한 존재로 지속되면서, 나의 능력은 성장하거나 쇠퇴할 수도 있고 나의 믿음은 (알았던 사실들을 잊게 되거나 새로운 지식을 쌓는 과정을 통하여) 바뀔 수도 있다.

유신론은 이와 대조적으로 신이라는 인격적인 존재는 그의 능력과 지식을 조금도 잃을 수 없으며, 또한 욕망에 의해 영향을 받는 대상도 아니라고 주장한다. 만일 신이 그의 능력 중 어느 것이라도 잃게 된다면 그의 존재는 없어질 것이다. 이는 내 책상이 공간을 점유하기를 그친다면 더 이상 존재할 수 없는 것과 마찬가지이다. 그리고 (영속성의 의미로서의) 영원성이 신의 본질적 속성이라는 사실은, 존재하기를 시작했거나 존재하기를 멈춘 모든 존재는 신일 수가 없음을 의미한다.

만일 유신론이 주장하는 바대로 신이 본질적으로 영원히 전능하고 전지하며 완전히 자유롭다면, 그는 다른 모든 것을 설명하는 **궁극적으로 주어진 사실**ultimate brute fact일 것이다. 신은 그 자신을 제외한 모든 존재의 존재됨과 그 존재들이 가지고 있는 힘과 성향에 대해 책임이 있다. 신은 그 자신의 매 순간 지속하는 행동을 통하여 존재하는데, 이는 신의 행동으로서는 설명할 수 없는 유일한 것이다. 왜냐하면 이에 대하여는 더 이상의 설명이 없기 때문이다. 그러한 의미에서 신은 다른 어떤 것에도 의지하지 않고 스스로의 기력에 의해 존재하는 필연적 존재이다.

따라서 (기독교, 유대교, 이슬람교 등의) 유신론자들은 이러한 신이 존재한다고 주장한다. 그렇다면 우리가 유신론자들을 신뢰할 수 있는 이유는 무엇인가? 이 질문에 답하기 위해서 우리는 우선적으로 과학자와 역사가를 비롯한 다른 학자들이 (자신이 관찰한 것의 원인에 대한) 이론을 제안할 때에 적용하는 기준들을 살펴보아야 한다.

2
장

우리는
어떻게 사물을
설명하는가

두 가지 설명 유형

세계는 대상들로, 혹은 철학자들의 전문용어로는 실체들로 구성되어 있다. 책상과 나무, 별과 은하계, 원자와 전자, 동물과 사람 모두 **실체**substance이다. (여기서 '실체'라는 단어를 석유나 유황처럼 사물의 종류의 이름이 아닌 개별적인 사물의 이름으로 사용함을 분명히 알린다. 예컨대 '이 책상' 혹은 '저 나무'가 실체이다.) 실체는 **속성**property을 가지고 있다. 어떤 실체는 사각형이거나, 사각형이면서 특정한 질량이나 전하電荷를 가진다. 또한 실체는 다른 실체와 **관계**relation를 맺고 있다. 예를 들어, 한 실체는 다른 실체로부터 3미터 떨어져 있다거나 또는 왼쪽에 위치한다거나, 한 실체가 다른 실체보다 더 이전부터 존재하고 있었다거나, 한 실체가 다른 실체와 비교하였을 때 더 노랗게 보인다든지 말이다. 실체가 속성(10kg의 무게를 가진 이 책상)이나 관계(바닥에 서 있는 그 책상)를 가지게 되거나, 실체의 속성이 변화(사각형에서 원형이 된 이 퍼티 덩어리•)하거나, 실체의 관계(상대로부터 거리가 멀어지는 나 자신)가 변

• 산화 주석이나 탄산 칼슘을 12-18%의 건성유로 반죽한 물질로, 유리창 틀을 붙이거나 철관을 잇는 데 사용한다.

하거나, 실체가 존재하게 되거나 존재하기를 멈추는 것을 **사건**event 혹은 현상phenomenon이라고 한다. 사건들은 실체에 의해 발생한다. 다이너마이트는 폭발을 일으키고, 당구공은 다른 당구공을 움직이게 하고, 사수는 방아쇠를 당긴다. 종종 여러 실체들이 하나의 사건을 일으키기도 한다. 화공畵工 여럿이 함께 한 집을 칠할 수 있고, 태양과 지구가 함께 달에 인력을 발휘해서 특정한 궤도로 공전하게 할 수 있다.

사람들은 항상 자신들이 아는 모든 사건(모든 현상)에 대하여 참된 설명을 추구해 왔으며, 사건의 원인들과 그 원인들이 왜 그러한 결과를 일으켰는지 발견하고자 했다. 그 이유에는 실천적인 목표가 함의되어 있다. 만약 우리가 폭발이 왜 일어나며 식물이 어떻게 성장하는지 그 이유를 파악한다면, 우리는 이러한 일들을 우리의 힘으로 발생시킬 수 있다. 그렇지만 사람은 또한 사건의 원인들과 그 원인들이 왜 그러한 결과를 일으켰는지를 연구함에 있어서 상당히 비실천적인 목표들도 가지고 있다. 예를 들자면, 개별적인 사건들(대통령이나 수상이 왜 자신이 한 일에 대하여 그렇게 변명했는지)과 보편적인 사건들(나뭇잎을 푸르게 하는 원인이 무엇인지, 동물들을 존재하게 하는 원인이 무엇인지, 그리고 이 원인들이 어떻게 이러한 결과를 발생시키는지)의 원인들이 무엇인지 알고자 하는 것처럼 말이다.

우리는 **사건에 대한 두 가지 설명 유형**, 즉 대상들이 사건을 일으키는 두 가지 다른 방식을 발견하는데, 이는 무생물적 인과성과 의도적 인과성이다. 만일 다이너마이트가 폭발을 일으켰다면, 그것은 다이너마이트의 속성 중에 특정한 조건(특정한 온도와 압력에서 점화되었을 때)에서 폭발하는 '힘'과 그 힘을 발휘하는 '성향'이 있기 때문에 그

폭발을 일으킨 것이다. 다이너마이트는 그러한 조건에서 선택의 여지 없이 반드시 폭발하게 되어 있으며, 거기에는 어떠한 의도도 개입되지 않는다. 하지만 다이너마이트가 테러범에 의하여 점화되었다고 가정해 보자. 테러범은 점화할 '능력'이 있었고, 점화를 한다면 폭발이 일어날 것이라는 '믿음'이 있었으며, 점화를 함으로써 폭발을 일으킬 '목적'이 있었기 때문에 점화를 한 것이다. 그는 점화를 하지 않을 수도 있었지만 결국 점화를 하기로 선택하였다. 여기서 우리는 두 가지 유형의 설명을 보게 된다. 첫째로, 힘과 성향의 관점에서 보는 **무생물적 설명** inanimate explanation이 있다. 둘째로, 능력과 믿음과 목적의 관점에서 보는 의도적인 혹은 (이후로부터 내가 사용할 용어인) **인격적 설명**personal explanation이 있다. 다양한 현상들은 각기 다른 방식으로 설명된다. 어떤 사건들은 인간(혹은 의도적으로 행동할 수 있는 동물들)에 의해 의도적으로 일어나며 어떤 사건들은 무생물에 의해 일어난다.

인격적 설명 방식은 무생물적 설명 방식과 마찬가지로 세계를 이해하는 우리의 사고방식이 필연적으로 도달하게 되는 결론이다. 어떤 학자들은 인간과 인간의 의도는 실제 발생하는 일에 아무런 영향도 끼치지 않는다고 주장해 왔다. 이들에 의하면 뇌의 활동은 다른 신경에 자극을 주거나 반대로 자극을 받으며, 이와 동시에 영향력을 행사하려고 하는 인간과 그의 의도를 동반하지 않고도 신체 활동을 일으킨다. 하지만 이런 식의 설명을 지속적으로 받아들일 수 있는 사람은 없다. 1장에서 설명한 바와 같이, 손을 움직이려는 의도를 형성하는 것은 손을 움직이려고 시도하는 것을 포함한다. 그리고 만일 우리가 의도를 형성하는 일과 그것을 수행하기 위해 시도하는 일을 멈춘다면, 우리는 먹지도 말하지도 글을 쓰지도 걷지도 못할 것이며, 결과적으로 아무 일도 일어나지 않을 것임을 매우 잘 알고 있다. 우리가 무엇인가를 이루고자 시도하는 것은 모든 일에 영향을 끼칠 수 있다.

과학자들은 우리의 일상에서 일어나는 사건들에 대한 설명을 발전시킨다. 물리학과 화학은 무생물적 설명을 제공하며, 역사학, 심리학, 사회학, 그리고 고고학적 연구는 인격적 설명을 제공한다. 우리는 **유사한 종류의 무생물적 대상들은 모두 유사한 힘과** 각기 다른 조건에서 그 힘을 발휘하는 **유사한 성향**을 가진다는 사실을 발견한다. 열이 가해지면 어느 특정한 구리 조각 하나만이 팽창하는 것이 아니라 모든 구리가 팽창하는 것처럼 말이다. 각각의 대상들이 힘을 발휘하는 현상에 대한 일반화를 일컬어 **자연법칙**laws of nature; natural laws 또는 과학법칙scientific laws이라고 한다. 심리학자들과 사회학자들은 인간의 의도적 행위를 일반화하는 데에는 그리 성공적이지 못했다. 그렇지만 특정한 환경에서 인간들이 어떤 능력과 믿음을 가지고 있으며, (확실하지는 않을지라도) 어떤 목적을 형성하려는지에 대하여 어느 정도 일반화를 할 수 있음에는 의심의 여지가 없다.

만약 세계의 모든 대상들이 가진 (특정한 조건에서 발휘하는) 힘과 성향이 전부 달랐다면 이 세계는 매우 복잡하고 예측할 수 없는 곳이 되었을 것이다. 그러나 다행스러운 사실은 (앞으로도 많이 강조하겠지만) 어떤 한 종류에 속하는 대상들은 모두 동일하게 행동한다는 점이다. 모든 물은 용량에 관계없이 같은 온도에서 언다. 즉, 모든 물은 얼 수 있는 힘이 있으며, 온도가 0°C 이하로 내려가면 그 힘을 발휘하는 성향이 있다. 모든 전자(전하의 입자)는 어떤 조건에서든지 서로 같은 크기의 힘으로 다른 전자를 밀어낸다. 이런 예들은 무궁무진하다. 모든 물질적인 대상들은 어떤 이유로든지 보편적 법칙에 동일하게 순응하는 것처럼 보인다. 예를 들어, 뉴턴이 만유인력의 법칙에서 밝힌 것처럼 모든 대상들은 서로를 (정확하게 말하면) 중력으로 끌어당긴다. 과학자들은 매우 대략적으로만 적용될 수 있거나 (물이나 전자와 같이) 특수한 종류의 대상에만 적용될 수 있는 하위 법칙들이 적용의 근거로 삼을 수 있는 가장 보편적인 자연법칙을 찾아내기 위해 노력한다. 과학자들은 자연법칙과 관련하여 셀 수 없이 많은 개별 실체들, 곧 모든 개별적 대상들 또는 특정한 종류에 속하는 대상들의 힘과 성향에 대하여 논의한다.

대상들의 행동 방식에는 광범위한 일치성이 있기 때문에, 우리는 개별적인 사건들에 대하여 설명할 수 있다. 이는 행동을 일으킨 원인이 되는 물질을 둘러싼 초기 조건과, 그 종류에 속하는 실체들이 어떤 힘과 성향을 가졌는지 서술하는 자연법칙의 측면을 살펴봄으로써 가능하다. 한 예로 우리는 구리가 가열되었기에 팽창한다고 말하는데, 모든 구리가 가열되면 팽창한다는 것은 자연법칙이다. 하지만 자연법칙은 실체가 아니라는 사실을 기억하는 것이 중요하다. 자연법칙은 단지 실체의 힘과 성향에 대한 인간의 요약일 뿐이다. 구리 조각이 가열되었을 때 팽창하게 만드는 것은 [자연법칙이 아니라] 바로 구리의 힘과 성향이다. 이 주제에 대해서는 다시 다룰 것이며 본장의 남은 부분에서는 **무생물적 설명**은 **초기 조건**과 **사건을 일으키는 자연법칙**을 **합한 것**이라는 사실을 단순하게 요약하고자 한다.

물론 자연과학의 설명들은 보통 위의 문단의 (지나치게 단순화된) 예들보다 훨씬 더 복잡하다. 자연과학적 설명은 여러 초기 조건들과 다른 법칙들을 수반한다. 목성이 왜 현재의 위치에 있는지에 대한 설명은 목성과 태양, 그리고 다른 행성들이 작년에 정위하였던 위치와 (뉴턴의 세 가지 운동법칙과 중력의 법칙 같은) 여러 법칙들을 포함한다. 이러한 정보들을 바탕으로 현상을 유추하여 설명하는 과정은 상당히 길어질 수 있다. 만일 가정한 초기 조건들이 실제로 발생하고, 인용된 법칙들이 실제로 참된 법칙들이며, 이 둘을 종합적으로 고려했을 때 목성의 현재 위치를 예상할 수 있다면 그 설명은 참될 것이다.

자연법칙들은 ('모든 빛의 입자들은 초속 300,000km의 속도로 이동한다'와 같이) 보편적일 수도 있고, ('모든 라듐 원자들은 1,620년 이내에 1/2의 확률로 붕괴된다'와 같이) 통계적일 수도 있다.

설명에 포함되는 요인들은 흔히 그 자체로 설명되기도 한다. 목성의 작년 위치는 재작년의 위치로 설명될 수 있으며, 뉴턴의 운동법칙의 작용은 더 일반적인 법칙인 아인슈타인의 법칙의 작용으로 설명될 수 있다. (뉴턴의 법칙은 실체가 소유한 행동할 수 있는 힘과 성향을 서술하는데, 이 뉴턴의 법칙이 유래한 근거들을 서술하는 것은 아인슈타인의 법칙이다.) 일반적으로 어떤 좁은 범위 안에서 (예컨대 지구의 표면 가까이에서) 즉각적으로 관찰이 가능한 (실험관 안에 있는 기체의 부피 등) 사물들에 관한 하위 단계의 법칙들은, 더 넓은 범위에서 즉각적으로 관찰하기 어려운 (기체의 분자나 원자 등) 사물들의 행동에 관한 상위 단계의 법칙들로 설명된다. 인격적 설명으로 되돌아와서 보면, 이와 비슷하게 어떤 능력과 목적과 믿음은 또 다른 목적과 믿음으로 설명되기도 한다. 예를 들어, 내가 찬장에 가려는 '목적'을 형성하는 이유는, 음식을 꺼내려는

'목적'과 찬장에 음식이 있다는 '믿음'을 가지고 있기 때문이다.

실체와 그 실체의 행동하는 힘과 성향(혹은 믿음과 목적), 그리고 사건이 발생하는 조건이 주어졌을 때에 그 설명이 언급하는 방식대로 사건이 필연적으로 발생하는 경우, 이를 사건에 대한 **'충분한 설명'** full explanation이라고 한다. '자연법칙'이라는 용어로 표현하자면, 사건에 대한 충분한 무생물적 설명full inanimate explanation은 자연법칙들과 초기 조건들에 의하여 사건의 발생이 수반되는 것을 의미한다. 사건에 대한 **'부분적 설명'**partial explanation은 사건의 발생이 그저 개연성이 있음을 알려줄 뿐이다. 왜냐하면 부분적 설명은 인과과정에 포함되는 모든 실체를 언급하지 않거나, 논의되고 있는 사건을 일으킬 실체의 성향이 확률에 그치기 때문이다. (내가 앞서 예시로 들었던 '라듐의 원자는 1,620년 이내에 1/2의 확률로 붕괴된다'처럼 말이다.) 사건에 대한 **'완전한 설명'**complete explanation이란 가장 기초적인 힘과 성향(혹은 믿음과 목적)의 원인을 명시한 충분한 설명을 의미한다. '자연법칙'이라는 용어로 표현하자면, 완전한 무생물적 설명complete inanimate explanation은 가장 기초적인 법칙들을 적용하는 것이다. 만약 아인슈타인의 법칙의 작용이 '대통일 이론'grand unified theory의 작용으로 설명되고, 후자에 대하여 더 근본적인 설명이 없다면, 대통일 이론은 완전한 무생물적 설명을 부분적으로 형성하게 되는 것이다. '완전한 인격적 설명'complete personal explanation은 상위 단계의 능력과 믿음과 목적으로부터 동시적으로 파생되지 않은 능력과 믿음과 목적을 적용하는 것이다. 따라서 만일 내가 음식을 꺼내려는 목적이 있어서 찬장에 간다면, 그리고 내가 음식을 꺼내려는 목적은 정해진 식사를 하기 위한 목적 때문이며 이 후자의 목적을 가지는 것을 설명하는 더 근본적인 목적이 없다면, 전자가 아닌 후자의 목적이 내가 찬장으로 가는 행위에 대한 완전한 설명을 부분적으로 형성한다.

설명의 정당화

두 가지 설명 유형에 포함되는 요인은 매우 많다. 무생물적 설명에는 무생물적 실체, 힘, 성향, 그리고 이 요인들을 작용시키는 사건들이 있고, 인격적 설명에는 인간과 그의 능력, 목적, 믿음이 있다. 이 요인들은 사건의 원인들이며, 사건이 왜 그러한 결과를 일으키게 되는지를 설명한다. 하지만 이러이러한 것이 사건의 원인이며, 저러저러한 것이 그 결과를 산출하는 원인이라고 하는 주장을 정당화하는 것은 무엇인가? 먼저 무생물적 설명의 관점에서 답을 해보고 이어서 자연법칙과 초기 조건의 측면에서 한번 적용해 보자. 예를 들어, 우리는 왜 뉴턴의 운동법칙과 해, 달, 그리고 다른 행성들의 이전 위치가 목성의 현재 위치를 설명한다고 가정하는가?

어떤 제시된 법칙이 실제로 자연법칙이라는 주장은 다음과 같은 조건을 충족시키는 범위에서 정당화된다(즉, 참일 확률이 높다).

(1) 우리로 하여금 우리가 관찰하는 많고도 다양한 사건들의 결과를 (정확하게) 예상할 수 있게 한다. (그리고 일어나지 않을 것이라 예상되는 사건들에 대해서는 우리가 관찰하지 않게 한다.)

(2) 제시된 법칙이 단순하다.

(3) 우리의 배경지식과 잘 부합한다.

(4) 제시된 법칙이 아니라면 우리가 이러한 사건들을 발견할 것이라고 예상할 수 없다. (예를 들어, 제시된 법칙처럼 기준 1-3을 충족시키면서 이러한 사건들을 예상하는 다른 경쟁 법칙이 없다.)

현재 적용되고 있는 이 기준들에 대한 이해를 돕기 위해 잘 알려진 역사적 일화를 조금 축약하여 설명하겠다. 16세기에 화성의 움직임을 연구하던 케플러를 생각해 보자. 다른 학자들은 케플러에게 화성의 과거 위치들을 관찰한 대량의 자료를 제공해 주었다. 케플러는 화성의 움직임을 주관하는 법칙을 발견하고자 했다. 즉, 화성이 움직이는 궤도를 파악하여 그 지식을 바탕으로 화성의 미래 위치를 예측하기를 원했던 것이다. 그는 관찰된 과거 위치들을 천체 지도에 표시하였는데, 이를 근거로 화성의 움직임을 주관하는 법칙은 (사소한 관찰의 오류를 감안한 상태에서) 그 위치들을 모두 통과하는 곡선의 형태로 제시되었다. 이러한 법칙은 기준 (1)을 충족한다. 문제는 **무한히 많은 다른 곡선들이 기준 (1)을 충족한다**는 점이다. 한 가지 분명한 가능성은 화성이 타원형으로 움직일 수 있다는 것이다. 다른 가능성으로는 화성이 연구된 지점까지는 거의 궤도에서 이탈하지 않고 계속 나선형으로 움직이다가 그 지점 이후로 급격하게 분기diverge하는 것이다. 또 다른 가능성은 타원형 모양에서 점점 더 증가하여 결국에는 포물선 모양으로 변하는 궤도를 따라 화성이 움직인다는 것이다. 따라서 (62쪽 하단의) 그림 1에서 보듯이 관찰된 타원형의 궤도까지는 일치하면서 그 뒤에 매우 다른 방식으로 분기하는 여러 종류의 곡선들이 존재한다. 그렇다면 어떤 선택을 내려야 하는가? 대부분의 가능한 곡선들은 두 가지 측면에서 그리 단순하지 않다. 곡선의 방정식은 상당히 복잡하며 그래프로 나타내었을 때에도 선이 매끄럽지 못하다. 타원의 방정식은 상대적으로 단순하며 곡선도 매끄럽다. 다른 경쟁 궤도들도 거의 비슷한 수준으로 단순하기 때문에, 우리가 더 많은 관찰 자료를 얻기 전에는 경쟁 궤도들과 타원 궤도 중에서 한 가지를 선택하지는 못할 것이다. 그러나 다른 기준을 더한다면 우리는 선택을 내릴 수 있는데, 무수히 많은 다른 대안들을 거의 모두 소거하는 이 중요한 작업에 있어서 **기준** (2), 곧 **단순성**simplicity**의 기준은 필수적이다**.

한편 **기준** (3) 역시 이 과정에 관여하는데, 이는 제시된 법칙이 우리의 **배경지식**background knowledge에 잘 부합해야 한다는 기준이다. '배경지식'이란 사물이 인접 분야에서 어떻게 작용하는가에 대한 지식을 의미한다. 예를 들어, 저온에서 특정한 기체가 어떻게 반응하는지에 대한 이론을 고찰할 때 우리는 우리가 알고 있는 지식, 곧 다른 기체들이 저온에서 어떻게 반응했는지를 고려한다. 우리의 세 번째 기

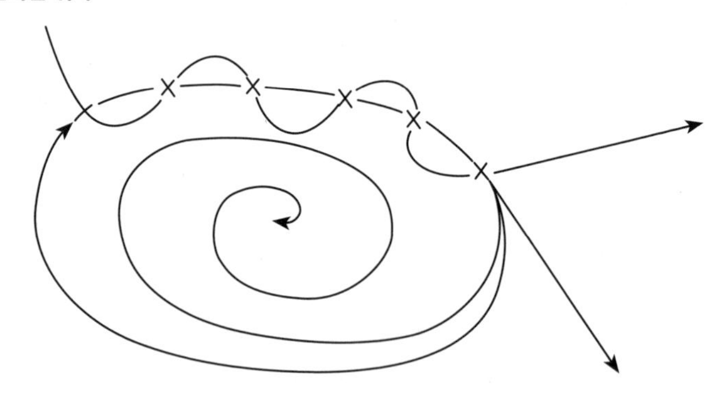

그림 1 화성의 움직임을 예측하는 곡선들 (화성이 이동한 위치는 X로 표시되었음)

준은 제시된 법칙이 더 넓은 범위의 배경지식에 부합하는 정도에 따라 충족된다. 케플러는 화성의 곡선 궤도를 구성할 때에 그가 알고 있던 다른 행성들의 움직임에 관한 지식을 참고하였다. 만약 수성, 금성, 목성, 토성에 적용되는 행성운동의 법칙이 타원형의 움직임이 아니라 나선형의 움직임으로 가장 잘 정당화되었다면, 비록 나선형의 법칙이 타원형의 법칙보다 덜 간단하더라도 케플러는 화성의 움직임을 주관하는 법칙으로 타원형보다 나선형을 선호할 타당한 근거들을 가졌을 것이다. 물론 케플러는 실제로 다른 행성들의 경우에서도 행성이 타원형으로 움직인다는 법칙이 다른 기준들을 가장 잘 충족시키는 법칙임을 발견했다. 각각의 경우에서 다른 행성의 운동에 대한 지식 외에는 추가적으로 고려해 보아야 할 배경지식이 없었기 때문에, 케플러는 화성만이 아니라 모든 행성들이 타원형으로 움직인다는 행성운동의 법칙을 제시할 수 있었다.

하지만 제시된 법칙이 기준 (1)-(3)을 충족하더라도, 만약 제시된 법칙과 양립 불가능한 다른 법칙이 그 세 가지 기준을 더욱 잘 충족한다면, 둘 모두가 동시에 법칙일 수는 없으므로 전자는 거부될 수밖에 없다. 이것이 바로 기준 (4)가 말하는 바다. 화성에 관하여서는 어떤 경쟁 법칙도 기준 (1)-(3)을 더 잘 충족하지 못하기 때문에, 타원형의 법칙은 **기준 (4)**를 충족한다.

과학법칙들은 과학이론 안에서 서로 조화를 이룬다. 케플러의 행성운동 이론은 세 가지 법칙으로 구성되어 있는데, 지면 관계상 첫 번째 법칙만을 논의하겠다. 여기서도 동일한 네 가지 기준들이 이론의 결과를 판단하는 역할을 수행한다. 이론의 단순성은 그 이론의 구성 법칙들이 서로 조화를 이루는 것을 포함한다. 앞서 살펴보았듯이 법칙들과 이론들은 상위 단계의 이론들로 설명이 가능하며, 상위 단계의 이론들에 대해서도 다시 동일한 기준들이 적용된다. 예를 들어, 태양의 질량이 다른 행성들의 질량보다 더 크다는 전제하에서 케플러의 법칙은 뉴턴의 법칙의 작용에 의해 설명된다. 뉴턴의 이론이 참이라고 믿을 수 있는 근거들은 다음과 같다. 곧 우리는 뉴턴의 이론으로부터 다양한 영역에서 잘 정당화된 자연법칙들, 예컨대 케플러의 법칙, 갈릴레오의 낙하법칙, 행성-위성운동의 법칙, 조수의 법칙, 진자운동의 법칙 등을 유추할 수 있다(기준 1). 또한 우리에게는 뉴턴의 법칙이 아니고서는 이런 법칙들을 고수할 수 있는 유효한 법칙이 없으며(기준 4), 뉴턴의 세 가지 운동법칙과 중력의 법칙은 그에 대한 대안으로 제시될 수 있는 다른 법칙들과 비교해 보았을 때 단순하기 때문이다(기준 2).

사물이 연구되는 영역의 인접 분야에서 그 사물이 어떻게 행동하는지에 관한 지식이 우리에게 없을 경우, 배경지식의 기준은 작용하지 않는다(기준 3). 만일 우리에게 다른 행성들의 위치를 계측한 자료가 없다면 우리는 행성들의 움직임에 관한 가설들을 세울 수 없을 뿐만 아니라, 화성의 움직임에 관한 이론을 검토하는 데에 있어서 다른 행성들의 움직임을 고려할 수조차 없다. 우리의 질문의 범위가 넓어질수록 우리가 고려할 수 있는 인접 분야들은 불가피하게 적어진다. 뉴턴은 자신의 역학 이론에서 굉장히 많은 것들을 설명하고자 했지만 (17세기에는 화학, 광학, 전자기학에 관한 지식이 거의 전무했기 때문에) 그가 연구하는 영역과 비교할 수 있는 인접 분야가 없었다. 뉴턴은 자신으로 하여금 관찰된 현상들을 예상할 수 있게 한 것은 단순한 이론이었다는 것을 근거로 삼아 자신의 이론을 정당화했으며, 단순한 이론이 아니었다면 이러한 예상을 하지 못했을 것이라고 주장했다. 분명한 것은 **우리가 관찰된 모든 것을 (문자적으로) 설명하는 데에만 집중한다면 배경지식의 기준은 이와 무관한 것이 된다는 사실이다**.

여하튼 **기준 (3)은 기준 (2)로 환원된다**. 어떤 한 법칙이 다른 법칙에 잘 '부합'한다는 것은 무엇을 의미하는가? 케플러의 법칙들은 동일한 형식으로 구성되었기 때문에 화성의 움직임을 설명한 케플러의 법칙은 다른 행성의 움직임에 관한 그의 법칙들에 잘 부합했다. 이는 곧 '다른 행성들은 항상 타원형으로 움직이고, 화성도 항상 타원형으로 움직인다'라는 법칙들의 조합이 '다른 행성들은 항상 타원형으로 움직이고, 화성은 항상 나선형으로 움직인다'라는 법칙들의 조합보다 더 선호된다는 말과 마찬가지다. 왜 그러한가? 그 이유는 전자의 가정이 후자보다 더 간단하기 때문이다. 전자의 조합은 '모든 행성은 항상 타원형으로 움직인다'로 간단하게 표현할 수 있다. 달리 말하자면, 전체 영역에 있어서 복잡한 법칙보다는 단순한 법칙이 지지되는 한, 좁은 영역에 적용되는 법칙은 인접 분야에 대한 법칙들과 잘 부합된다. 제시된 하위 법칙의 수용 여부를 판단하는 배경지식의 기준은 결과적으로 상위 법칙에 대한 단순성의 기준으로 압축되기 때문에, 나는 앞으로 배경지식의 기준에 대해서는 주의를 크게 기울이지 않을 것이다. 여러 법칙들 중에서 관찰된 자료를 산출하는 법칙을 판별하는 핵심 기준은 바로 **단순성**이다.

어떤 독자는 우리가 더 많은 관찰 결과를 기다려봄으로써 현재까지 관찰된 자료들과 양립할 수 있는 모든 '대략적인' 곡선들을 소거할 수 있다고 생각할지도 모른다. 화성의 위치에 관한 이후의 관찰 결과는 내가 (그림 1의) 도표에 표시한 곡선들 중에서 (타원형일 것으로 예상되는) 단 하나의 곡선을 제외한 모든 곡선들을 소거할 수 있지 않겠는가? 물론 그렇다. 하지만 여전히 이전의 위치들과 새로운 위치를 모두 지나면서도 그 후에 급격하게 분기될 수 있는 곡선들은 (내가 그림 1에서 전부 표기할 수 없을 만큼) 무한하게 많다. 단순성의 기준이 없이는 우리는 자료와 양립할 수 있는 무한히 많은 이론들 중에서 어느 한 가지 이론을 선택할 방도가 전혀 없다. 몇몇 학자들은 우리가 단순성을 선호하는 이유가 편의성 때문이라고 주장한다. 단순한 이론들이 다루기 쉽기 때문에 단순성을 선호하는 것일 뿐, 진리에 대한 관심과는 아무런 상관이 없다고 그들은 주장한다. 하지만 그렇게 보이지는 않는다. 우리는 늘 미래에 대한 예측을 필요로 한다. 우리의 생존과 더불어 여러 희망찬 계획들을 성취함에 있어서 예측은 중요한 역할을 한다. 우리는 대형 화물차를 운전할 때에 다리가 무너지지는 않을지, 어떤 약품이 독극물인지 아니면 치료제인지, 핵폭발이 온 인류를 파멸시킬 연쇄 반응을 일으킬 것인지 등을 알아야만 한다. 우리는 예측을 할 때 과거의 관찰 결과들을 기반으로 추론한 가장 단순한 이론을 사용한다. 그리고 우리는 가장 단순한 이론에서 나온 예측이 그렇지 않은 이론에서 나온 예측보다 참일 확률이 더 높다고 믿는다. 만일 우리가 (지금까지 산출된 관찰 결과들을 토대로 한) 모든 이론의 예측이 실제로 동등하게 참이라고 생각한다면, 어느 특정한 예측을 다른 예측보다 더 신뢰하는 것은 절대로 정당화될 수 없을 것이다. 그러나 우리는 분명 다른 예측보다 어떤 한 예측을 신뢰하며 우리의 그러한 신뢰가 정당하다고 생각한다. 이는 우리가 이론의 단순성을 이론의 참됨에 대한 결정적인 증거라고 여기기 때문에 가능한 것이다.

과학이론의 '단순성'은 적은 수의 구성 법칙component law을 가지는 것이 관건이며, 각 구성 법칙은 (관찰 결과가 수학적으로 단순한 과정으로 도출되는) 몇 안 되는 변수들을 수학적으로 단순한 공식들로 설명한다. 만일 어떤 이론이 (원자와 전자, 쿼크와 퀘이사 같은) 우리가 관찰할 수 있는 범위를 넘어선 대상이나 속성을 추정한다면, 단순성의 기준은 우리에게 더 적은 수의 새로운 대상과 그 종류, 더 적은 수의 새로운 속성과 그 종류를 가정할 것을 요구한다. 즉, 적으면 적을수록 더 좋다고 여겨진다. 관찰 결과를 설명할 때 필요 이상의 새로운 대상을 가정하지 말아야 한다는 규칙은 흔히 '오캄의 면도날'Ockham's Razor이라고 불린다. 하지만 이를 어떻게 적용하는가는 우리가 '필요'를 어떻게 이해하는지에 달려 있다. 만일 **적은 수의** 대상들을 가정함으로써 **많은 수의** 현상들에 대한 설명을 제공한다면, 당연히 적은 수의 대상들을 가정하는 것이 옳다. 때때로 비전공자의 입장에서는 과학자들이 상당히 단순하지 않은 이론들을 주장하는 것처럼 보인다. 아인슈타인의 일반상대성 이론은 매우 복잡해 보이지만, 그의 주장에 따르면 관찰된 자료들에 부합하는 이론들 중에 가장 단순한 것이 바로 일반상대성 이론이다. 어떤 영역에서 기준 (1)을 충족시키는 가장 단순한 이론이 그리 단순해 보이지 않을 수 있지만, 동일하게 기준 (1)을 충족시키는 수많은 다른 가능한 이론들보다는 여전히 훨씬 더 단순한 이론인 것이다.

기준 (1)로 잠시 돌아가자면, 다른 기준들처럼 **기준 (1)도 충족**

되는 정도는 다양할 수 있다는 사실에 주목해야 한다. 기준 (1)은 어떤 법칙이나 이론이 우리로 하여금 많은 사건들을 예상할 수 있게 해주는 한에서 충족된다. 더 많은 사건들을 설명할수록, 그리고 더 다양한 사건들을 설명할수록 더 좋은 이론 혹은 법칙인 것이다. 또한 여러 다른 영역들에서 나타나는 현상들을 설명할 수 있는 이론은, 오직 한 영역에서만 나타나는 현상들을 설명할 수 있는 이론보다 더 선호된다. 그리고 현상을 더 정확하게 설명할수록 더 좋은 이론이다. 다시 말해, 우리로 하여금 어떠한 현상이 특정한 방식으로 일어날 것임을 예상하게 하는 이론이 있는데, 실제로 그 현상이 서술된 대로 발생하였다면 그 이론은 [다른 이론들보다] 더 좋은 이론이다. 하지만 관찰된 내용과 이론이 예측한 바가 서로 다를 경우, 예컨대 어떤 이론이 한 행성의 황경黃經• 각도가 106° 1′ 2″라고 예측하였는데, 실제로 관찰된 각도는 106° 2′ 12″라고 한다면, 그 이론은 대략 1′ 의 범위에 한해서는 부정확하다. 하지만 그 이론은 여전히 옳다고 볼 수 있는데, 이는 관측 자체에 미세한 오류가 있었거나 우리가 모르는 요인들이 결과에 영향을 미쳤을 수도 있기 때문이다. 따라서 우리는 그러한 오류에 집중하기보다는 그 이론을 참이라 믿고 활용할 필요가 있다. 그리고 마지막으로, 관찰된 것을 단지 약간의 개연성을 가지고 예상하는 법칙은 확실성을 가지고 예상하는 법칙보다 정당화의 정도가 약하다. 이 모든 요소들이 기준 (1)의 다양한 측면이다.

• 황위黃緯와 함께 태양계 천체의 위치를 나타내는 황도의 좌표값으로서, 춘분점으로부터 동쪽으로 360°까지 측정한다.

지금까지 나는 단지 '우리로 하여금 관찰 결과들을 예상하도록 하는' 과학법칙이나 과학이론에 관해서 말했을 뿐, 관찰 결과들을 '예측하는' 과학법칙이나 과학이론에 대해서는 아직 이야기하지 않았다. 왜냐하면 **예측**에 관해 말하는 것은 (기준 1을 비롯한 기준들을 분석한 바에 따르면) 마치 이론이 먼저 수립되고 과학자가 그 이론이 미래에 우리로 하여금 어떤 관찰 결과를 예상하게 하는지를 연구한 후에, 실제로 우리가 그 이론을 통해 무엇을 예상했는지를 관찰할 수 있어야만, 비로소 관찰 결과들이 그 이론의 근거로 제시될 수 있다는 인상을 간접적으로 줄 수 있기 때문이다. 하지만 나는 어떤 이론에 대한 관찰 결과를 바탕으로 그 이론을 지지하는 것에 문제가 있다고 보지 않는다. 예를 들어, 100번의 관찰 후에 이 결과들을 설명하기 위해 이론이 구성되었든지 또는 처음 50번의 관찰 후에 구성된 이론이 다음 50번의 관찰 결과를 성공적으로 예측했든지, 양자 모두 관찰 결과에 의하여 이론을 지지한다는 점에 있어서는 차이가 없다. 어떤 이론에 대한 관찰 결과를 바탕으로 그 이론을 지지하는 것은 관찰 결과와 이론 사이의 논리적 관계와 연관된 것이며, 이는 관찰 결과가 도출되는 과정과는 독립적으로 발생한다. 그렇게 생각하지 않는 사람들은 이론이 결과를 항상 정확하게 예측하지 못한다 하더라도, 이론 자체는 항상 관찰 결과에 부합하도록 구성된다고 주장한다. 따라서 정확한 예측accurate prediction은 제시된 이론에 대하여 더욱 객관적인 평가를 제공해 준다. 보통의 이론들은 관찰 결과들에 항상 부합하도록 구성될 수 있지만, 많은 관찰 결과들을 산출하는 단순한 이론들은 관찰 결과들에 항상 부합하도록 구성될 수는 없다. 단순한 이론을 찾는 것은 정확한 예측을 제공할 수 있는 이론을 찾는 것만큼이나 어려우며, 따라서 단순한 이론이야말로 관찰 결과들로써 지지되는 유일한 이론이다. 어떤 한 이론과 (그 이론의) 결과를 관찰하는 것이 그 이론을 지지하는 것과는 무관함을 보여주는 예시로는 뉴턴의 운동법칙이 있다. 비록 이 법칙은 이미 알려져 있는 법칙들로부터 자명하게 유추되는 예측과 뉴턴의 이론이 설명하고자 의도했던 (케플러의 행성운동의 법칙과 갈릴레오의 낙하법칙 같은) 예측 외에는 오랜 기간 동안 검증해 볼 수 있는 다른 예측을 만들지 않았음에도 불구하고, 18세기의 과학자들이 접할 수 있는 증거들을 토대로 보았을 때 (분명하고도 정확하게) 참일 확률이 매우 높다고 판단되었다. 뉴턴의 이론이 높은 개연성을 지니는 유일한 이유는 그 이론이 매우 단순한 상위 단계의 이론이며, 이로부터 다양한 법칙들이 연역될 수 있다는 점에 근거한다.

내가 이 부분에 대해 조금 길게 설명한 이유는 유신론을 비롯한 전문적인 신학적 이론들이 즉각적으로 검증 가능한 '예측'을 하지 않는다는 주장이 종종 제기되어 왔기 때문이다. (예를 들어, 유신론자들과 신학자들은 사후 세계에 대한 예측을 제시할 수 있지만, 이는 즉각적으로 검증할 수 있는 사안이 아니다.) 내가 지금까지 주장한 것은 과학의 역사가 분명히 보여주는 바, 관찰 결과가 새로운 것이든 오래된 것이든 우리로 하여금 관찰 결과를 예상할 수 있게 한다면 그것은 잘 정립된 이론이라는 사실이다. 나는 이제 유신론이 다수의 오래된 관찰 결과들을 예상할 수 있게 하는 매우 단순한 이론임을 논증할 것이다. 나는 이 점을 염두에 두며 앞으로 관찰 결과를 '예측하는' 이론을 다룰 것인데, 관찰 결과가 이론이 상정되기 이전에 만들어졌는지 혹은 이론이 상정된 이후에 만들어졌는지에 대하여는 특별히 언급하지 않고, 단지 우리로 하여금 관찰 결과를 예상할 수 있게 하는 이론에 관하여 말하고자 한다.

그러므로 참인 동시에 사건에 대한 참된 설명을 제공하는 과학 이론의 개연성을 판단할 때에는 이 네 가지 기준이 적용된다. 오늘날 과학이론의 **법칙은 개별 실체의 힘과 성향에 관한 단순한 규칙성이다.** 모든 행성이 태양 주위를 타원형으로 도는 것은 규칙성에 의한 운동이며, 이는 곧 각각의 행성이 타원형을 그리며 돌 수 있는 힘과, 태양이 그 타원의 중심에 위치하고 있을 때에 그 힘을 발휘하는 성향이 있다는 말과 다름이 없다. 과학자는 네 가지 기준을 통해 개별 실체의 행동을 가능하게 하는 힘과 성향을 발견하며, 또한 성공적인 예측을 할 수 있게 도와주는 가장 단순한 설명을 추구한다.

어떤 사건에 대한 참된 설명은 정확한 과학이론만이 아니라 **정확하게 기술된 초기 조건**(실체가 존재하고 있었던 조건)**을 포함한다**. 천왕성의 현재 위치는 단지 뉴턴의 이론만이 아니라 태양과 천왕성과 다른 행성들의 과거 위치들에 의해서도 설명된다. 그렇다면 우리는 이 위치들을 어떻게 아는가? 우리가 그것들을 관찰했었거나, 그렇지 않다면 행성들이 이러이러한 위치에 있었을 것이라는 가설이 현재 관찰하는 현상들에 대하여 최상의 설명을 제공해 줄 수 있다. 여기서 '최상의 설명'이라는 말은 우리의 네 가지 기준을 가장 잘 충족시키는 설명이라는 뜻이다. 우리는 뉴턴의 법칙과 더불어 우리가 관찰할 수 있는 태양과 천왕성과 다른 행성들의 과거 위치들을 기반으로 현재 천왕성의 위치를 설명하려고 시도해 볼 수 있다. 그러나 이 모든 노력에도 불구하고 우리가 관찰하는 것을 정확하게 예상할 수 없다면, 우리는 (르베리에Leverrier가 1846년에 시도했던 것처럼) 천왕성 너머에 우리가 관찰할 수 없는 또 다른 행성인 해왕성이 존재하며, 바로 이 해왕성이 천왕성을 궤도 밖으로 당기고 있다는 가설을 세워 볼 수 있다. 만일 우리가 해왕성을 볼 수 없다면 이 행성이 그곳에 있다고 가정할 수 있는 근거는 무엇인가? 한 가지 강력한 근거는 그러한 가설을 세우지 않는다면 우리는 뉴턴의 이론을 포기해야만 한다는 사실이다. 즉 우리가 해왕성의 존재를 가정하지 않을 경우, 우리는 천왕성의 현재 움직임을 예측할 수 없게 된다. 다시 말해, 천왕성의 운동에 관한 수많은 설명 중 가장 단순한 것은 뉴턴의 이론이 참이며, 천체는 해왕성을 포함한다는 것이다. 해왕성의 존재를 주장하는 또 다른 근거는, 해왕성의 존재를 가정하지 않는다면 설명할 수 없는 현상들을 해왕성의 존재를 가정함으로써 설명할 수 있기 때문이다. 관찰할 수 없는 실체를 가정함에 있어서 우리는 그 실체와 더불어 네 가지 기준을 가장 잘 충족시키는 (대상의 행동을 가능하게 하는 힘과 성향에 관한) 과학이론을 가정한다. 앞에서 주지했듯이 단순성은 적은 수의 대상을 가정하는 양상으로 드러난다. 만일 관찰할 수 없는 행성 하나를 가정함으로써 우리가 발견하는 관찰 결과들을 예상할 수 있다면, 우리는 관찰할 수 없는 행성을 둘 이상 가정해서는 안 될 것이다.

네 가지 기준은 인격적 설명의 가치를 판단하는 경우에도 동일하게 적용된다. 인격체에 의해 발생한 현상을 설명할 때에 우리는 현상을 예측할 수 있게 하는 가장 단순하면서도 배경지식에 부합하는 가설을 추구하며, 이러한 가설 없이는 설명이 불가능할 것이라 여긴다.

예를 들어서 우리가 고대의 도서관에서 복원된 자료 중에 동일한 서체로 기록되었으며 내용이 자연스럽게 연결되는 세 장 분량의 철학적 논변을 발견했다고 가정해 보자. 한 가지 가설은 세 장 모두 동일한 학자가 기록했다고 보는 것이다. 다른 가설로는 세 장이 각각 다른 시대에 다른 철학자들이 썼다고 보는 것인데, 상술하자면 세 철학자 모두 같은 서체를 가지고 있었고, 첫 번째 장은 첫 번째 철학자의 글에서, 두 번째 장은 두 번째 철학자의 글에서, 그리고 세 번째 장은 세 번째 철학자의 글에서 발췌된 것으로서, 비록 그들의 논증은 서로 달랐지만 우연히도 그 세 장은 세 철학자들이 본래 각각 주장하려고 했던 바와는 관련없는 철학적 논변을 조화롭게 구성하였다는 주장이다. 전자의 가설과 마찬가지로 후자의 가설도 (관찰 결과를 예측하는) 기준 (1)을 충족하기는 하지만, 후자의 가설은 전자의 가설에 비해 단순성의 기준에 대한 충족도가 훨씬 더 낮다. 왜냐하면 후자의 가설은 한 사람, 한 목적, 한 믿음이 아니라 여러 사람, 여러 목적, 여러 믿음을 가정하기 때문이다. 배경지식 또한 이러한 가설들을 평가하는 데에 중요한 역할을 한다. 예컨대 여러 사람들이 동일한 서체를 가지는 것이 흔한 일인지, 또는 각기 다른 책에서 발췌된 여러 부분들이 하나로 조합되었을 때 내용이 자연스럽게 연결된 논변이 나올 수 있는지 등에 관한 지식이 요구된다.

사람에 의해 발생된 훨씬 더 넓은 범위의 현상을 평가하려면 우리는 그 현상이 어떻게 형성되었는지를 살펴보아야 한다. 그렇게 하기 위해서는 규칙적인 방식으로 변화하는 (다양한 감각자극에 대한 일정한 반응처럼) 지속적인 능력과 목적과 믿음을 가진 사람의 수를 가능한

한 적게 가정해야 한다. 만일 사람에 의해 발생된 두 가지 결과가 같은 목적으로 인하여 일어난 것이라고 설명할 수 있다면, 우리는 두 번째 결과를 설명하기 위해 완전히 새로운 목적을 언급하지 않는다. 만일 어떤 사람이 다른 사람들이 소유한 것과 동일한 종류의 능력으로 특정한 영향을 미쳤다면 우리는 새로운 능력을 가정하지 않아도 된다. 예를 들어, 숟가락이 구부러진 현상을 사람이 직접 손으로 구부리는 행위에 의해 발생한 것으로 설명할 수 있다면, 우리는 굳이 장거리에서 [손을 대지 않고] 숟가락을 구부릴 수 있는 기본적 능력이 사람에게 있다고 가정하지 않는다.

우리가 현상을 설명하기 위해서 관찰이 불가능한 행성들과 원자들을 가정해야 할 필요가 있듯이, 만일 현상에 대한 설명이 **신체를 가지지 않은 인격체**non-embodied person를 도입함으로써 네 가지 기준을 더 잘 충족시킨다면, 우리는 형체가 없는 인격체 역시 가정해야 할 필요가 있다. 만약 내 방에 있는 물건들이 날아다니기 시작하더니 곧 이어 단어의 모양을 형성했다고 한다면, 이에 대한 최상의 설명은 보통의 인간이 가진 능력(특정한 범위 내에 있는 사물에 대한 기본적 능력), 목적, 믿음이 아닌 특수한 기본적 능력을 가진 유령의 행위라고 여기는 것이다. 또한 어떤 형체가 인격체의 신체인 경우에는 그 신체의 일부가 항상 의도에 따라서 움직인다고 단정지을 수 없다. 한 예로 우리가 멀리 떨어진 행성으로 여행을 갔는데 거기서 부속기관이 달린 움직이는 대상을 발견했다고 가정해 보자. 그렇다면 이것들은 인격체의 신체인가 아니면 단지 무생물인 것인가? 우리의 대답은 우리가 그 대상과 그것의 부속기관의 수많은 움직임을 설명할 때에 그 대상이 특정한

(그 부속기관을 통제하는) 기본적 능력, (지속하는) 목적, (특정한 규칙을 따를 때 습득되는) 믿음을 가진 인격체라고 가정할 것인지의 여부에 따라 달라질 것이다.

이러한 네 가지 기준은 우리가 관찰할 수 있는 영역을 넘어서는 세계에 대한 수많은 주장들 중에서 어느 것이 가장 참에 가까운지를 결정할 때에 적용된다. 우리는 모든 영역에 있어서 우리가 발견하는 현상에 대하여 결과를 예측할 수 있게 하는 (만일 배경지식도 있다면 이에 가장 잘 부합하는) 가장 단순한 가설을 추구한다.

3 장

신의 단순성

궁극적 설명

무생물적 인과성과 인격적 인과성은 상호작용한다. 때때로 한 인과성이 다른 인과성에 포함된 요소들의 존재와 작용을 설명한다. 자연과학은 20미터 높이의 탑에서 떨어뜨린 공이 지면에 닿는 데까지 2초가 소요되는 이유를 설명한다. 그러나 우리는 애초에 공이 왜 떨어져야 했는지에 대한 인격적 설명을 요구할 수도 있다. 이에 대하여 갈릴레오는 자신이 제안한 중력의 법칙을 증명하기 위해 떨어뜨린 것이라고 대답할 수 있을 것이다. 역으로 생각해 보면, 사람의 능력과 믿음과 목적도 무생물적인 요인들에 의해 분명히 영향을 받는다. 예를 들어, 나의 눈과 귀에 도달한 광선light ray과 음파에 의해 나의 믿음이 발생할 수 있다. 믿음이 생산되는 과정에 있어서 광선 자체는 나의 믿음을 발생시킬 어떠한 의도도 가지고 있지 않음이 자명하다. 믿음이 생산되는 과정은 (적어도 부분적으로는) 무생물적 대상의 힘과 성향의 관점에서 분석해 볼 수 있다. 이와 마찬가지로 나의 신체적 움직임의 기본적 능력 역시 (적어도 부분적으로는) 나의 신경과 뇌의 상태에 기인한다. 내가 팔을 움직이기를 원한다면 나는 팔을 움직일 수 있다. 다만 이는 나의 뇌와 신경과 근육 등이 특정한 상태에 있을 때에만 가능한 일이다. 그러한 필요조건을 만족하는 나의 뇌와 신경과 근육은 내가 내 팔을 움직일 수 있는 능력을 가지게 하는 원인의 일부이다. 내가 의도적으로 내 팔을 움직이기 위해서는 팔의 움직임을 유발하는 뇌의 특정한 상태를 (비의도적으로) 불러일으켜야 한다. 또한 나의 목적은 내 신체의 상태로부터 말미암는 욕구들의 영향을 받으며 형성된다. 예를 들어, 나의 식욕은 내가 공복 상태일 때 발생한다. (앞서 언급한 대로, 목적을 형성하는 경우에 그러한 영향은 부분적일 뿐이며 우리는 이를 거스를 수 있는 능력이 있다.) 무생물적 인과성과 인격적 인과성은 상호작용한다. 무생물적 요인들이 우리의 선택을 형성하는 데 도움을 주듯이 우리의 선택 역시 무생물적 세계를 형성하는 데 도움을 준다.

어떤 사건에 대한 '완전한 설명'complete explanation이란 힘과 성향을 지닌 실체들을 가장 근본적인 방식으로 서술한 것을 포함하는 '충분한 설명'full explanation을 의미한다. 만일 완전한 설명이 인격체와 그의 능력, 믿음, 목적을 언급한다면 이는 인격적 설명이다. 반대로 완전한 설명이 무생물적 실체와 그것의 힘과 성향(또는 자연법칙)을 언급한다면 이는 무생물적 설명이다. 하지만 보통 우리는 사건에 대한 완전한 설명 이상의 것을 기대한다. 우리는 단지 사건이 발생된 시점에 작용하는 요인들의 관점에서 보는 완전한 설명에 만족하지 않고, 사건을 발생시키는 초기 원인들, 곧 사건이 발생된 시점에 작용하는 요인들이 애초에 왜 존재하고 있었는지에 대한 설명을 원한다. 우리는 이전의 어떤 이유로 인하여 우리가 지금 존재하고 있으며, 능력과 믿음과 목적을 소유하게 되었는지 (예컨대 이전의 어떤 이유로 인하여 광선이 지금 내 눈에 닿았는지, 또는 이전의 어떤 이유로 인하여 지금 내가 공복 상태인지) 그 원인을 알고자 한다. 사건에 대한 완전한 설명 중 일부는 사건에 포함된 모든 요인들에 대하여 전체적으로든 부분적으로든 이전의 원인들로 더 이상 설명할 수 없는데, 나는 앞으로 이러한 설명을 사건에 대한 **궁극적 설명**ultimate explanation이라고 부를 것이다.

'설명'에 대한 인류의 탐구는 자연스럽게 필연적으로 관찰할 수 있는 모든 것에 대한 궁극적 설명, 곧 다른 모든 대상이 자신의 존재와 속성을 의존하는 실체 혹은 실체들을 추구한다. 물론 모든 것이 다 설명될 수 있는 것은 아니다. A는 B로 설명되고, B는 C로 설명이 되지만, 결국에는 다른 모든 대상이 의존하게 되는 속성을 지닌 어떤 하나의 실체 혹은 다수의 실체들이 존재할 것이다. 우리는 궁극적인 '무엇'이 존재한다는 것을 인정하지 않을 수 없으며, 이는 중요한 형이상학적 주제이기도 하다. 궁극적 설명에 대한 논의에 있어서 세 가지 이론이 언급되는데, 그중 한 가지는 **유물론**materialism이다. 유물론적 관점에 따르면 인격적 설명에 포함된 모든 요인들의 존재와 활동은 완전한 무생물적 이유를 가지고 있다. 물론 이는 사람이 단지 물질적인 대상이며 그의 믿음과 목적 등은 물리적 상태에 불과하다는 그런 극단적인 견해는 아니다. 하지만 유물론적 관점은 분명히 잘못되었다고 여겨진다. 예를 들어, 누군가가 세계를 정복하겠다는 목적을 가지는 것은 뇌에서 일어난 특정한 신경의 발화와 동일하다고 볼 수 없다. 세계에서 발생하는 사건들의 목록 중에서 전자는 배제하고 후자만을 포함시킨다면 무언가를 빠뜨릴 수밖에 없다. 만약 어떤 화성인이 나의 뇌에 관한 모든 지식을 얻었다고 하더라도 그는 여전히 내가 의도를 가진 존재인지 아니면 단지 무생물적인 로봇에 불과한지를 알고 싶어할 것이다. (이 주제에 관해서는 5장에서 더 언급하겠다.) 유물론적 관점이 의미하는 바는, 인격적이고 정신적인 것이 비록 물질적인 것과 구별은 될지라도 전적으로 물질적인 것으로부터 기인한다는 것이다. 인격체의 존재와 그의 목적, 능력, 믿음은 (신경세포와 같은 물질적 대상을 힘과 성향의 측면에서 서술하듯이) 무생물적 원인들로 설명될 수 있다. 우주의 전체 상태를 설명함에 있어서도 우리는 결국 사태의 최초 상태, 곧 모든 후속 물질들을 산출할 수 있는 힘을 가지고 있으며, 또한 이 힘을 언제든지 발휘할 수 있는 성향을 가진 최초의 물질 덩어리에 도달하게 된다. 이러한 최초 상태는 그 자체로서 만물에 대한 궁극적 설명을 제공해 준다. 그렇지 않다면 일련의 설명은 끝없이 소급될 수 있다. 예를 들어, 오늘의 우주는 어제의 상태로 설명되며, 또 어제의 우주는 그저께의 상태로 설명되는 방식이 무한히 이어지는 것이다. 그러한 경우에 유물론적 관점을 따른다면, 시작점이 없는 우주가 초기 상태에서부터 힘과 성향을 지닌 모든 실체와 더불어 존재하고 있었다는 주장이 우주에 대한 궁극적인 설명일 것이다.

유물론의 대안들 중 한 가지는 혼합 이론이다. 즉 인격적 설명에 포함되는 요인들의 존재와 활동 모두가 무생물적인 의미로서의 궁극적 설명을 가지지 않으며, 반대로 무생물적 설명에 포함되는 요인들의 존재와 활동 역시 모두가 인격적인 의미로서의 궁극적 설명을 가지지 않는다는 이론이다. 우리는 이러한 이론을 **인간주의**humanism라 부를 것이다.

세 번째 가능성은 무생물적 설명에 포함되는 요인들의 존재와 활동이 사람뿐만이 아니라 다른 종류의 인격체들까지 포함하여 그 자체로 인격적인 의미로서 설명이 된다는 것이다. 이러한 유형의 이론 중 하나인 **유신론**theism은 신이 존재한다고 생각한다. 1장에서 보았듯이 이 관점에 의하면 신은 우리의 우주 안에 있는 물질적 대상들의 존재와 더불어 그들의 힘과 성향을 매 순간마다 보존한다. 마치 우리가 우리의 몸에 영향을 주며 활동하는 것처럼 신은 이 세계에 영향을 주며 활동한다. 그러나 신은 우리와 다르게 그의 능력을 행사하는 데에 있어서 어떤 신체도 의존하지 않는다. 예컨대 금속이 가열되었을 때 팽창하는 것이 참이며, 또 금속에는 팽창하는 힘과 가열되었을 때 그 힘을 발휘하는 성향이 있다는 것도 참이다. 하지만 그 금속은 신이 그 존재를 보존하기 때문에 존재하는 것이며, 가열되었을 때 팽창하는 힘과 그 힘을 발휘하는 성향도 인격체인 신이 동시적으로 그의 기본적 능력으로 지탱해 주기 때문에 보유하는 것이다. 그러므로 신은 자연법칙이 효력이 있도록 유지시켜 준다. 그리고 그는 이 우주에 있는 물질적 대상들의 존재를 보존하는 방편으로 물질보존의 법칙이 작용하도록 한다. 유신론에 따르면 신은 또한 인간을 존재하게 하며, 그의 존재를 매 순간마다 보존한다. 그리고 신은 인간으로 하여금 스스로의 능력과 믿음을 소유하고 유지할 수 있게 한다. 신은 인간의 존재를 유지시키기 위하여 부분적으로는 인간을 생산할 수 있는 힘을 유전자 안에 보존하고, 또 부분적으로는 인간의 능력과 믿음을 지속시키는 힘을 인간의 뇌를 형성하는 분자들 안에 보존한다. 신은 또한 인간이 스스로 행동의 목적을 형성할 수 있도록 허용하며, 인간이 어떤 선택을 해야만 하도록 강제하지 않는다. 따라서 신은 인간으로 하여금 자유로운 선택을 내릴 수 있도록 허용한 것을 제외하고는 우주와 그 안에서 일어나는 모든 일에 대한 완전한 설명을 제공한다. 만일 우주에 시작이 있었다면, 신은 그 최초의 물질적 대상을 창조했을 것이다. 만일 우주가 항상 존재해 왔던 것이라면, 신은 영속된 시간의 매 순간마다 직접 개입하여 물질적 대상들의 존재를 항상 보존해 왔을 것이다. 그러므로 신은 인간으로 하여금 자유로운 선택을 내릴 수 있도록 허용한 것을 제외하고는 두 방식 모두에서 우주에 대한 궁극적 설명을 제공한다.

관찰할 수 있는 모든 현상들에 대한 궁극적 설명을 제공하는 위의 세 가지 경쟁 이론들은, 내가 2장에서 분석하였던 제안된 이론을 평가하는 네 가지 기준으로 평가되어야 한다. 그러나 우리가 2장에서 분명히 살펴보았던 대로 관찰할 수 있는 모든 현상들에 대한 설명을 고려할 때에 기준 (3)은 쓰이지 않게 된다. 왜냐하면 관찰할 수 있는 모든 것을 설명할 때에는 이론이 부합해야 하는 배경지식을 가진 인접 분야가 없기 때문이다. 따라서 네 가지 기준을 적용하는 일은 다음과 같이 압축된다. 궁극적 설명에 대한 이론, 곧 관찰할 수 있는 현상들을 예측하는 (이것이 아니면 예측할 수 없는) 가장 단순한 이론은 참일 확률이 높다. 이 책의 논지thesis는 유신론이 단연코 모든 현상에 대한 가장 단순한 설명을 제공한다는 것이다. 나는 유물론이라는 가설이 단순하지 않음을 주장할 것이다. 어떤 범위의 현상들은 유물론으로는 설명이 불가능해 보인다. 인간주의는 유물론보다도 더 복잡한 가설에 불과할 뿐이다.

적절한 기회가 주어질 때 더 자세히 살펴보겠지만, 유물론의 엄청난 복잡성은 바로 다음과 같은 점에서 유래한다. 유물론은 고유하게 활동하는 사물에 대한 완전한 설명은 (거의 무한에 가까운) 막대한 수의 물질적 대상들의 힘과 성향에 의해 제공된다고 가정한다. 각각의 물질적 대상들은 원자들로 이루어지며, 원자들은 전자와 양성자와 같은 기본 입자들로 이루어진다. 그리고 기본 입자들 중 일부는 쿼크quark로 이루어지며, 쿼크는 우리가 최근에 알게 되었듯이 서브쿼크sub-quark로 이루어져 있다. 이러한 물질적 대상들은 자신과 정확하게 동일한 힘과 성향을 가진 대상들이 포함된 종류에 속한다. 앞에서 살펴보았듯이 모든 구리 조각들은 팽창하거나 녹거나 전도傳導하는 '힘'과 동일한 환경에서 이러한 힘을 발휘하는 '성향'을 정확히 동일하게 가지고 있다. 각 사건에 대하여, 사건에 포함된 개별 대상들의 힘과 성향을 바탕으로 그 사건이 왜 일어났는지를 진술하는 완전한 설명complete explanation이 있다. 예를 들어, 이 돌이 2초 만에 지면으로 떨어지는 것을 (뉴턴의 법칙과 이 뉴턴의 법칙을 설명하는 법칙들에 의해 서술된 것처럼) 이 돌과 지구가 지닌 힘과 성향으로 진술하는 완전한 설명이 있다. 그리고 이 구리 조각이 가열되었을 때 팽창하는 것을 이 구리 조각의 힘과 성향으로 진술하는 완전한 설명이 있다.

유물론자들에 의하면 만약 우주에 시작이 없었을 경우에 **사물이 어떻게 존재하게 되었는지에 대한 궁극적 설명**은 셀 수 없이 많은 기본 입자의 힘과 성향, 혹은 기본 입자를 존재하게 하는 물질-에너지 덩어리와 같은 물질적 실체의 힘과 성향을 바탕으로 진술한다. 모든 물질적 실체들은 그것이 기본 입자이든 물질-에너지 덩어리이든 간에 엄청난 우연에 의해 서로 동일한 힘과 성향을 일부 가지고 있다. (예컨대, 모두 중력의 법칙을 따른다.) 또한 이 물질적 실체들은 더 적은 종류로 (전자나 양성자, 혹은 더 근본적인 고유한 구성 요소들로) 나누어질 수 있다.

각 종류에 속하는 모든 대상들은 더욱 광범위한 우연에 의해 힘과 성향도 [일부만이 아니라] 전부 서로 동일하게 가지고 있다. 만약 우주에 시작이 있었다면, 우주는 물질적 실체들과 더불어 시작되었을 것이며 아마도 매우 응축된 물질-에너지 덩어리를 형성하였을 것이다. 그리고 이 물질적 실체들은 (응축된 덩어리의 모든 부분들은) 각각의 힘과 성향에 있어서 이러한 일반적인 [우연적] 일치성을 보여주었을 것이다.

나는 유신론이 [경쟁 이론들보다] 더 좋은 설명을 제공할 수 있음을 증명하고자 한다. 이 장에서 나는 유신론이 매우 단순한 가설이며, 지금까지 분석했던 무생물적 가설들보다 훨씬 더 단순하다는 것을 주장하려고 한다. 그리고 이어지는 장들에서는 유신론이 어떻게 우리로 하여금 우리가 발견하는 (즉, 다른 이론으로는 발견할 수 없는) 사건들의 결과를 예상하게 해주는지 보여줄 것이다.

유신론의 단순성

유신론은 존재하는 모든 대상들이 한 실체, 곧 신에 의해 존재하게 되었으며 또한 신에 의해 그 존재가 보존된다고 주장한다. 그리고 유신론은 모든 실체가 가지는 모든 속성들은 신이 발생시켰거나 신이 허용했기 때문에 존재한다고 주장한다. '단순한 설명'의 특징은 바로 적은 수의 원인을 가정하는 것이다. 이러한 측면에서 **오직 하나의 원인**을 가정하는 설명보다 더 단순한 설명은 없다. 유신론은 다신론보다 더 단순하다. 그리고 유신론은 그 한 원인, 한 인격체가 **인격체에 필수적인 속성들을 무한한 정도로** 소유한다고 가정한다. 다시 말해, 신은

(논리적으로 가능한 모든 일을 할 수 있는) 무한한 힘, (논리적으로 알 수 있는 모든 일을 아는) 무한한 지식, 그리고 (목적을 형성할 때 어떠한 외부 요인의 영향을 받지 않으며, 스스로 타당하다고 여기는 이유가 있을 때에만 행동하는) 무한한 자유를 속성으로 가진다.

무한한 능력과 지식과 자유를 가진 인격체가 존재한다는 가설은 곧 능력과 지식과 자유에 있어서 (논리적으로 불가능한 것을 제외하면) **한계가 없는**zero limit 인격체가 존재한다는 가설과 다르지 않다. 과학자들은 어떤 양quantity의 정도에 관하여 무한을 가정하는 것이 매우 큰 유한을 가정하는 것보다 항상 더 단순하다고 생각했으며, 만일 관찰 결과를 동일하게 잘 예측한다면 항상 전자의 방식을 취했다. 뉴턴의 중력에 관한 이론은 관측 시 오차범위 안에서 관찰 결과를 동일하게 잘 예측할 수 있음에도 불구하고, 중력이 매우 빠른 유한한 속도(2,000,000,000.325km/sec.)로 이동한다고 가정하기보다는 무한한 속도로 이동한다고 가정한다. 후에 중력과 더불어 전자기학에 관심을 둔 아인슈타인의 일반상대성 이론이 방대한 범위의 자료를 다룰 수 있는 가장 단순한 이론으로 채택되고 나서야 과학자들은 비로소 중력이 유한한 속도로 이동한다는 것을 그 이론의 결과로서 받아들였다. 이와 마찬가지로 중세 시대의 사람들은 빛이 관찰 결과와 양립할 수 있는 유한하게 빠른 속도가 아니라 무한한 속도로 이동한다고 믿었다. 결국 17세기에 무한-속도 이론과 양립 불가능한 관찰 결과들이 뢰머Römer에 의해 발견되고 나서야 사람들은 빛이 유한한 속도를 가진다는 것을 받아들이게 되었다.

0과 무한은 서로 반대된다. 빛이 무한한 속도로 이동한다고 가정하는 것은 곧 유한한 거리만큼 떨어져 있다면 도착점이 어디든지 빛이 도달하는 데 시간이 전혀 소요되지 않는다고 가정하는 것과 마찬가지이다. 과학자들은 자신들이 무한을 선호하는 것처럼, 관찰 결과와 동일하게 양립할 수 있음에도 불구하고 매우 적은 양을 가정하는 이론보다 0을 가정하는 이론을 더 선호하는 경향을 보였다. 한 예로 과학자들은 광자(빛의 입자)의 질량에 관한 두 가설 모두 관찰된 사실과 동일하게 양립할 수 있지만, 광자의 정지 질량이 극소(2.62×10^{-1000}gms)하다고 가정하기보다는 0이라고 (즉, 정지해 있을 때 질량이 없다고) 가정하기를 선호한다.

앞에서 살펴보았듯이 인격체는 (의도적인) 능력과 목적과 믿음을 지닌 대상이다. 만일 어떤 인격체의 행위가 우주의 존재와 활동을 설명한다면, 그는 매우 뛰어난 능력을 가진 인격체이어야 할 것이다. 또한 그의 능력이 대단히 탁월하다고 가정하기보다는 무한하다고 가정하는 것이 더 단순한 가설이다. 만약 그 인격체가 이런 거대한 우주를 만들 정도의 능력은 있지만, 이보다 더 거대한 우주를 만들 능력은 없다고 한다면, 그의 능력에 왜 그러한 제한이 있는지 의문이 생길 것이다. 결국 신의 능력은 무한하여서 그가 능력을 행사하는데 영향을 미치는 원인이 없다는 의견이 자연적으로 도출되며, 따라서 그의 자유 역시 무한하다고 주장하는 것이 가장 단순하다. 자신의 능력을 효과적으로 발휘하기 위해서는 그 행동으로 인하여 어떤 결과가 산출되는지를 알아야 한다. 그러므로 이는 신의 능력과 자유가 무한하기 때문에 그의 지식도 무한하다는 주장에 자연스럽게 부합한다. 만일 우리가 신의 의도적인 행위로 설명되는 다양한 현상을 이어지는 장들에서 살펴보고자 한다면, 우리는 신이 자신의 행동들에 대한 결과를 거시적인 차원에서 이해하고 있다고 가정해야 한다. 결국 사물에 대한 신의 이해에는 제한이 없다고 가정하는 것이 가장 단순하다. 따라서 우리가 과학과 역사를 비롯한 인간의 모든 탐구 영역에서 원인들을 파악하기 위하여 사용하는 원리들은, 무한한 능력과 지식과 자유를 가진 인격적인 존재를 가정해야만 이 세계를 인격적 설명 방식으로 서술할 수 있다는 사실을 피력한다.

신의 존재는 영원하다고 가정하는 것이 더 단순하다. 만약 신이 과거의 특정한 시점부터 존재해 왔다고 한다면 신이 존재하기 이전에 일어난 일들은 신과 아무런 관련이 없게 된다. 만일 그 일들을 일으킨 것이 다른 세력들이었다면 신이 존재하게 된 것 자체도 이들에게 의존했을 수 있다. 그렇다면 세계가 어떻게 존재하게 되었는지를 설명하기 위해 가정했던 우리의 가설은, 다른 세력들의 존재와 더불어 그만큼 제한된 신적 능력을 가정함으로 인하여 불가피하게 더 복잡해질 것이다. 이는 우리가 신이 미래의 어느 순간부터 존재하기를 그칠 것이라고 가정하는 것에도 동일하게 적용된다.

내가 보기에는 신이 무한한 능력과 지식과 자유를 영원히 가진다고 가정하는 것보다 신이 그러한 속성들을 **본질적으로** 가진다고 가정하는 것이 더 단순해 보인다. 만일 신이 무한한 능력과 지식과 자유를 가지는 것이 그저 우연적이라고 말한다면, 우리는 신이 그가 원했다면 자신의 자리에서 물러날 수도 있었음을 인정해야 한다. 신은 스스로 제한적인 능력을 가진 존재로 자신을 낮출 수도 있었을 것이며, 그는 심지어 자결할 수도 있었을 것이다. 그런가 하면 신을 대신하여 어떤 경쟁자가 무한한 능력을 가지는 일도 생길 수 있다. 이러한 경우라면 우리의 신이 이 우주를 관장하는 것은 우연이었다고 할 수도 있으며, 아직 그런 일이 발생하지는 않았지만 언제든 다른 (아마도 능력이 낮은) 신이 나타나 이 우주의 책임자가 될 수도 있다. 이 모든 상황들은 우리의 신이 모든 존재하는 것의 근원이라는 기본적으로 주어진 사실을 약화시킬 것이다. 또한 신이 왜 일찍이 자신의 능력을 제한하지 않았는지 혹은 신이 왜 자결을 하지 않았는지에 대한 해명이 필요하게 된다. 그리고 신과 경쟁하는 존재들이 어떠한 조건에서 전능해질 수 있는지를 확정하는 데에 있어서 다른 인과요인들이 작용할 수도 있다. 하지만 우리가 만일 신이 본질적으로 전능하고 전선하며 완전히 자유롭고 영원하다고 가정한다면, 이 모든 경우들에 대한 설명은 더 이상 요구되지 않는다.

물리학에서도 이와 유사한 동기를 가지고 주장하는 것을 찾아볼 수 있다. 예를 들어, 기본 입자는 그 자체의 고유한 힘을 보유하고 있어야만 기본 입자라고 여겨진다. 입자가 가진 힘이 부분적으로는 그 입자로 하여금 바로 그 입자일 수 있게 하는 것이다. 마찬가지로 전자는 다른 모든 전자들을 일정한 크기의 힘으로 밀어내야만 전자인 것이다. 기초적인 차원에서 설명하자면 사물은 부분적으로 스스로의 힘에 의하여 그 사물이 될 수 있다.

만일 어떤 인격체의 힘과 지식과 자유의 정도가 0이라면 그는 인격체라고 생각될 수 없다. 유한하게 제한된 속성을 가정하는 것은 무한한 속성을 가정하는 것보다 덜 단순하다. 그리고 이러한 무한한 속성들이 서로 결합할 뿐만 아니라 영원성과도 결합한다고 가정하는 것은, 존재할 수 있는 가장 단순한 유형의 인격체를 상정함을 의미한다. 그렇다면 1장에서 살펴본 것처럼 신의 다른 모든 본질적 속성들은 그의 전능, 전지, 완전한 자유로부터 유래하는 것이다. 그러므로 유신론은 우주에 대한 설명들 가운데 가장 단순한 유형의 인격적 설명을 제공한다. 신은 여러 이유로 인하여 혹은 어떤 특정한 이유로 인하여 우주를 존재하게 했는데, 이는 그가 행할 수 있는 많은 선한 일들 중 하나였기 때문이다.

전능한 신은 어떤 일이라도 발생시킬 수 있다. 만일 신이 존재한다면 우리는 관찰하는 것의 결과를 예상할 수 있는데, 이는 우리의 관찰 행위의 대상이 되는 이 우주가 바로 신이 그의 전선함으로 말미암아 존재하게 할 이유가 있어서 창조한 우주이기 때문이다. 이러한 사실은 신이 미래에도 이 우주를 계속 존재하게 할 것이라는 보장을 하지는 않지만, 그럴 가능성을 상당히 높여주는 것임은 확실하다. 나는 우리가 주위에서 발견하는 현상의 범위에서 이를 증명할 것이다. 이와 동시에 이 현상들 중 일부에 대하여 매우 복잡한 설명만을 제공할 뿐이며 그 외에 다른 현상들에 대하여는 아무런 설명도 제공하지 못하는 유물론의 무용성을 보여주고자 한다.

4
장

신의 존재가
어떻게 세계와 그 질서를
설명하는가

우주와 자연법칙

물리적 우주는 무수히 많은 각기 다른 크기의 물질 덩어리로 이루어져 존재한다. 태양은 비록 작은 별이지만 동시에 화염으로 타오르는 큰 구球이며 지구는 태양의 주위를 공전하는 여러 행성 중 하나이다. 태양은 우리의 은하에서 은하수Milky Way라 불리는 성단에 속하는 수백만 개의 별들 중 하나이다. 우리의 은하는 은하단團에 속한 하나의 지역 은하인데, 천문학자들에 의하면 이러한 은하단이 수천만 개에 이른다고 한다. 우주는 대단히 균일하지만 동시에 많은 지역 '군집' clumping들을 포함하고 있다. 별들과 행성들은 크기가 모두 다르다. 지구와 같은 행성들은 마치 크기와 모양이 전부 다른 해변가의 조약돌처럼 모든 면에 있어서 다른 행성들과 같지 않다.

무엇이 존재한다는 것, 그 자체는 대단히 기이한 일이다. 확실히 우주도 없고 신도 없는, 그야말로 아무것도 없는 것이 가장 자연스러운 상태이다. 그러나 무엇인가가 존재하고 있으며, 심지어 매우 많은 사물들이 존재하고 있다. 전자electron 하나 정도라면 우연히 생겼을 확률도 있지만, 그러기에는 너무도 많은 입자들이 존재한다. 물론 모든 것을 설명하는 것은 가능하지 않더라도 우리가 살펴보았듯이 과학의 진보와 다른 **모든 지적인 탐구 작업은 우리로 하여금 가장 적은 수의 주어진 사실brute fact을 가정하도록 요구한다**. 만일 우리가 모든 것의 존재를 유지하는 하나의 단순한 존재를 가정함으로써 우주의 다양한 부분들을 설명할 수 있다면 우리는 그렇게 해야만 한다. 심지어 그 단순한 존재의 실재를 불가피하게 설명하지 못한다고 하더라도 우리는 그러한 존재를 가정해야 할 것이다.

그렇지만 여전히 **막대한 수의 사물들**이 존재할 뿐만 아니라 어떤 측면에서 그것들은 **모두 정확히 동일한 방식으로 행동한다**. 지구에서 작용하는 자연법칙은 우리가 천체망원경으로 관찰할 수 있는 가장 멀리 떨어진 은하들에서도 동일하게 작용하며, 마찬가지로 오늘날 작용하는 법칙은 우리가 시간적으로 가장 일찍 발생했다고 추론하는 사건들에도 동일하게 작용했었다. 혹은 내가 더 선호하는 방식으로 말하자면, 마치 우리의 몸을 구성하고 있는 입자들처럼 모든 대상은 우리와 시공간적으로 얼마나 떨어져 있든지 간에 어떤 측면에서는 동일한 '힘'과 그 힘을 발휘하는 동일한 '성향'을 가지고 있다. 만일 이 모든 일에 원인이 없다면 그것이야말로 가장 기이한 우연의 일치이며, 너무나 기이해서 이성적인 사람이라면 도저히 믿을 수 없을 것이다. 그러나 **과학은 왜 모든 대상이 동일한 힘과 성향을 가지고 있는지 설명하지 못한다**. 물론 과학은 어떤 대상이 가지는 힘을 [그 힘보다] 더 광범위한 힘을 근거로 삼아 설명할 수 있으며, 또한 부분적인 자연법칙에 대한 작용을 더 일반적인 자연법칙으로 설명할 수 있다. 하지만 과학은 왜 각각의 대상이 가장 보편적인 힘을 가지는지 설명할 수 없다고 여겨진다. 뉴턴의 세 가지 운동법칙과 중력의 법칙이 기초적인 자연법칙이라고 가정해 보자. 그렇다면 그것은 모든 원자와 전자 등이 우주 안에 있는 다른 모든 대상을 (거리의 제곱에 비례하여) 정확하게 동일한 힘으로 끌어당긴다는 것을 의미한다. 오늘날 뉴턴의 법칙은 더 이상 기초적인 자연법칙이 아니다. 뉴턴의 법칙은 매우 정확하지만 완전히 정확하지는 않은데, 이는 그 법칙의 대상이 되는 물체가 너무 무겁지 않거나 너무 빠르지 않은 경우에만 적용되기 때문이다. 하지만 뉴턴의 법칙이 적용되는 범위의 한도 내에서는 정확한 법칙이라고 할 수 있는 이유는, 그것이 일반상대성 이론과 양자론에서 유래하기 때문이다. 그리고 상대성 이론과 양자론은 더 보편적인 이론인 대통일 이론의 결과일 것이다. 하지만 우리가 [탐구를] 어디에서 멈추든지 간에 동일한 요점이 일반적으로 적용된다. 우리가 대통일 이론에서 멈추었다고 가정해 보자. 그렇다면 우주에 있는 모든 원자와 전자는 대통일 이론에서 설명하는 바와 같이 동일한 힘과 성향을 소유한다는 것을 알게 된다. 그리고 바로 이 지점이 우리가 과학적 설명만을 허용할 경우에 멈추게 되는 지점이다. 유물론자는 사물이 존재하는 방식을 이렇게 설명한다.

하지만 이성적인 연구자라면 이처럼 어느 지점에서 사고를 멈추는 행위를 지양할 것이다. 만일 어떤 고고학 유적지에서 발견된 모든 동전이 동일한 문양을 가지고 있다거나 어떤 연구실에 있는 모든 문서들이 동일한 필체로 기록되었다면, 우리는 이를 공통된 자료의 측면에서 설명하려고 할 것이다. [우리는] 명백하게 우연히 일어난 사건에 대해서도 설명을 요구한다.

모든 물질적 대상은 대통일 이론에 따라 동일한 보편적인 힘과 성향을 가진다. 그뿐만 아니라 **같은 특정한 행동 방식을 공유하는**

대상들이 종류대로 나뉜다. 각각의 전자는 다른 전자들과 마찬가지로 동일한 전기력으로 다른 모든 전자들을 밀어낸다. 여기에서 왜 특정한 종류의 입자들이 고유한 힘과 성향을 가지게 되는지, 그 입자들이 다른 종류의 입자에 의해 존재하게 된 측면에서 서술하는 과학적 설명이 가능하다. 따라서 양자는 중성자의 붕괴(중성자는 양자와 전자와 중성미자로 붕괴된다)로 인하여 존재하게 되며 고유한 힘과 성향을 가지게 된다. 그러나 무생물적 대상에 관한 궁극적 설명은 서로 동일한 힘과 성향을 가지고 있는 적은 종류의 입자로 (또는 물질-에너지 덩어리로) 설명하는 차원에 여전히 머물게 된다. 더 큰 대상들도 각각의 종류대로 나뉜다. 참나무는 다른 참나무들처럼 성장하고 호랑이는 다른 호랑이들처럼 행동한다. 그리고 모든 물질적 대상과 특정한 종류에 속하는 대상들이 서로 같은 행동을 하는 것은 여러 측면에서 거의 항상 단순하며 또한 인간에게 쉽게 관찰된다. 물질의 궁극적인 구성 요소(전자, 양자, 광자, 혹은 무엇으로 이루어졌든지 간에)들은 단순한 방식으로 동일하게 행동하지만, 그 요소들이 함께 결합되어서 중간 크기의 물질적 대상을 형성하게 되면 그것들은 매우 복잡한 방식으로 행동한다. 따라서 그 대상들의 행동에 대하여 단지 피상적으로만 연구한다면 사람들은 어떤 일이 발생할 것인지 절대로 예측할 수 없다. 아마도 어느 날에는 바위들이 부서질 수도 있고 또 다른 날에는 바위들이 대기 중에 떠다닐 수도 있겠지만, 그러한 빈약하고 비과학적인 관찰만으로는 어떤 일이 언제 발생할지 우리는 전혀 알 수 없게 될 것이다. 그러나 다행스럽게도 우리의 세계는 이와 같지 않다.

우리의 세계에는 일반인들도 쉽게 관찰하고 사용할 수 있는 **중**

간 크기의 대상들의 행동에 대한 규칙성이 있는데, 이 규칙성은 거의 모든 순간마다 작용하며 높은 수준의 근사치를 유지한다. 예컨대 무거운 물체는 땅으로 떨어지고, 사람과 다른 육지 동물들은 생존을 위해 공기를 필요로 하며, 땅에 심겨진 씨앗은 수분을 공급받으면 식물로 자라나고, 빵은 사람에게 영양소가 되지만 잔디는 사람의 음식이 될 수 없다. 이러한 예들은 계속 이어진다. 물론 그중에서도 예외들은 있다. 만일 무거운 물체의 밑에 자석이 있어서 강력한 전자기를 띠며 서로 밀어낸다면, 그 무거운 물체는 땅에 떨어지지 않을 수도 있다. 오직 과학자만이 어떤 물체가 정확히 얼마 후에 떨어질지, 또 사람이 일상생활을 유지하는 데 정확히 얼마나 많은 빵을 필요로 하는지 예측할 수 있다. 사람들이 쉽게 발견할 수 있을 만큼 분명하면서도 매우 정확한 규칙성들은 (생존을 위해 충분히 먹는 것이나 천적과 사고로부터 피하는 것과 같이) 어떻게 배우자를 찾으며 자녀를 가질 수 있는지, 어떻게 따뜻하게 지낼 수 있는지, 어떻게 여행을 할 수 있는지 등 **우리의 삶과 죽음에 중요한 결과**를 가져오는 것들이다. 사람들은 이러한 규칙성들을 관찰하고 이해하는 행위를 통해서 신체 외부의 세계에 영향을 끼치는 데 활용할 수 있으며, 그렇게 함으로써 우리 자신의 삶에도 변화를 줄 수 있다. 우리는 우리의 기본적 행위의 효력에 대하여 참된 믿음을 가져야 하며, 우리는 그 믿음을 통하여 세계에 영향을 끼칠 수 있다. 하지만 대상들이 우리가 충분히 이해할 수 있을 정도로 단순하고 규칙적인 방식으로 행동해야만 우리는 그러한 믿음을 얻을 수 있을 것이다. 빵이 영양을 공급한다는 것을 관찰함으로써 우리는 삶을 유지하기 위하여 빵을 섭취하려고 할 것이다. 그리고 밀과 같은 종자들을 심고 물을 주면 곡물로 자라난다는 것을 관찰함으로써 우리는 빵을 만들기 위하여 밀을 재배하려 할 것이다. 이러한 예들은 셀 수 없이 많다. 하지만 만약 물질적 대상들이 전적으로 불규칙하게 행동한다면, 우리는 절대로 이 세계나 우리 자신의 삶을 어떤 방식으로도 통제할 수 없을 것이다. 따라서 모든 물질적 대상이 동일하면서도 단순한 힘과 성향을 가진 소수의 종류대로 나뉘는 이유를 파악함에 있어서, 우리는 먼저 사람에게 쉽게 발견되는 (삶에서 중요한 요소들을 포함하는) 중간 크기의 물질적 대상의 근사적인approximate 힘과 성향이 왜 이러한 소수의 종류들과 같은 것인지를 설명해야 한다. 왜냐하면 이러한 결과를 산출하는 그 대상들의 힘과 성향은 모든 물질적 대상에서 편만하게 발견되는 특징이기 때문이다.

단순한 가설인 유신론은 우리로 하여금 내가 지금까지 설명했던 모든 현상들을 상당한 정도의 개연성을 가지고 **예상할 수 있게 한다.** 전능한 신은 이러한 측면에서 질서정연한 세계를 만들어 낼 수 있다. 그리고 인간을 포함하고 있는 세계는 좋은 것이기 때문에 신은 이러한 세계를 선택할 타당한 이유를 가진다. 사람들은 경험과 생각이 있고 의사를 결정할 수 있으며, 그 결정은 자신과 타인들과 이 무생물적 세계에 큰 영향을 미칠 수 있다. 그리고 사람에게는 신이 가지고 있지 않은 특수한 종류의 자유, 곧 선과 악 중에서 선택할 수 있는 자유가 있으므로 사람들은 이러한 자유로운 선택을 내릴 확실한 이유를 가진다. 전선한 신은 또한 자비롭다. 비록 신체를 가진 사람이 통제할 수 있는 일들은 제한적이지만, 만일 세계가 어떻게 작동하며 어떤 신체적 행동이 더 먼 곳에까지 영향을 미칠 수 있는지 알기 원한다면 우리는 이를 배울 수 있다. 우리는 언제 바위가 떨어질지 언제 천적이 들이닥칠지 언제 식물이 자라날지 금방 학습할 수 있다. 신은 인간이 이러한 배움을 통하여 선택이라는 자신의 창조적인 활동을 공유할 수 있도록 허용한다. 우리는 떨어지는 바위를 피한다든지 천적의 공격으로부터 벗어난다든지 충분히 먹을 수 있는 양의 작물을 심는다든지, 또는 외부의 방해를 받지 않기 위해 집을 짓고 편안하게 살아갈 것인지, 아니면 조금 더 원시적인 삶의 방식에 만족하며 살아갈 것인지 등과 같은 우리 자신에게 중요한 일들을 결정할 수 있다. 또한 우리는 (공개적으로 접근할 수 있는) 신체를 가진 다른 인격체들에 대하여 중요한 선택을 내릴 수 있다. 예를 들어, 우리는 그들에게 음식을 줄 수도 있고 혹은 계속 굶주리게 할 수도 있다.

하지만 중간 크기의 대상들의 행동에서 관찰할 수 있는 대략적인 규칙성은 [그 대상을 형성하는] 소규모의 구성 요소들의 작용에서 나타나는 더 정교한 규칙성에 기인하기 때문에, 우리는 이러한 후자의 구성 요소들이 무엇인지를 발견하고자 노력할 수 있다. 이 지식을 가짐으로써 우리는 세계에 대한 우리의 지식과 통제력을 더욱 확장시키는 수단을 확립할 수 있다. 사람들은 역학과 화학의 법칙을 발견할 수 있고, 이를 바탕으로 자동차와 비행기를 제조하거나 폭탄과 총을 만들 수 있다. 그렇게 함으로써 우리는 단지 우리 자신의 신체와 이 신체가 속한 주변 환경을 통제하는 것에서 그치는 것이 아니라 이 세계를 더욱 광범위하게 통제하게 된다. 질서정연한 세계에서 몸을 가진다는 것은 생존을 위하여 활용할 수 있는 규칙성을 빠르게 배울 수 있는 가능성뿐만이 아니라, 오랜 기간의 협력을 통하여 우리가 선택한 방식으로 세계를 재건하는 데 활용할 수 있는 과학과 기술의 근본 법칙들을 발견할 수 있는 가능성을 제공한다. 이처럼 우리가 학습할 것인지, 통제력을 확장할 것인지, 그리고 어떻게 통제력을 확장할 것인지는 우리의 선택에 달려 있다. 자비로운 신은 마치 좋은 부모처럼 우리에게 어떤 고정된 양의 지식과 통제력만을 허용하는 것이 아니라 오히려 우리에게 지식과 통제력을 함양할 것인지 아니면 그렇게 하지 않을 것인지를 선택할 수 있는 기회까지 부여한다.

신은 우리에게 이러한 기회들을 제공하기 위하여 우리가 발견하는 자연법칙들로 운행되는 세계를 창조할 이유가 충분히 있다. 물론 신은 다른 많은 것들을 만들 충분한 이유도 있기 때문에 이러한 세계를 창조했을 것이라고 단언할 수는 없다. 그렇지만 신이 이러한 세계를 지을 만한 상당한 개연성이 있다는 것은 분명히 의미가 있다.

신이 창조한 질서정연한 세계는 오직 인간에게만 적합한 무대가 되는 것은 아니다. 고등한 동물 역시 의식이 있고 학습을 하며 계획을 세우는데, 이는 쉽게 관찰할 수 있는 사물의 여러 양상들을 통해 동물들도 예측할 수 있기 때문이다. 하지만 더 높은 차원에서 보자면 질서정연한 세계는 아름다운 세계이다. 아름다움은 질서 안에 존재하며, 혼돈은 전적으로 추하다. 일정한 법칙을 따르는 별들의 움직임은 마치 아름다운 춤과 같다. 중세의 사람들은 행성들이 하늘에서 여러 층들에 의해 운행되며, 그 규칙적인 움직임으로 말미암아 '천체의 음악'music of the spheres•이 울려 퍼진다고 생각했다. 비록 사람들은 그 아름다움을 무심코 지나쳐 버리지만 그 연주는 하늘에서 일어나는 가장 아름다운 일들 중에 하나이다. 아름다움은 좋은 것이기 때문에 내 생각에는 단 한 존재만이라도 그 아름다움을 관찰할 수 있다면 신은 질서정연한 세계를 만들 이유가 있다.

철학자들은 세계와 그 규칙성으로부터 신의 존재를 논증하는데, 이는 인간의 의식에 깊이 내재된 질서정연한 세계에 대한 자연적이고 이성적인 반응을 체계적으로 서술한 것이다. 사람들은 세계를 이해할 수 있는 그들의 능력이 곧 창조자를 이해할 수 있는 증거라고 여긴다. 선지자 예레미야는 창조자로서의 신의 존재를 당연하게 받아들였던 시대에 살았다. 그 당시 중요했던 문제는 신의 선함과 지식과 능력의 한도extent였다. 예레미야는 세계의 질서를 바탕으로 삼아 능력 있고 신뢰할 수 있는 신이 존재함을 논증했는데, 그 신은 바로 내가 1장에서 설명한 하나님이다. 예레미야는 창조의 범위—'하늘의 만상은 셀 수 없으며 바다의 모래는 측량할 수 없나니'(렘 33:22)—를 근거로 삼아 창조주의 능력을 선포했고, 또한 창조 세계의 일정한 행동은 곧 창조주가 신뢰할 만한 존재임을 보여준다고 주장했다. 그리고 예레미야는 매일 서로가 규칙적으로 뒤따르는 '낮과 밤에 대한 언약'(렘 33:20)과 더불어 '천지의 법칙'(렘 33:25)에 관하여 말했다.

예레미야는 물체들이 목적을 향해 움직이는 경향이 있다고 설명하였는데, (낙하하는 사물이 지면을 향하는 것이나 공기가 수면 위로 떠오르려는 것과 같은) 이러한 질서 있는 행동은 토마스 아퀴나스의 신 존재 증명의 다섯 가지 방식 중에서 마지막 방식의 근간을 이룬다.

- 고대의 피타고라스는 해와 달과 행성들이 운행하면서 지구로부터 떨어진 거리에 비례하여 다양한 화음을 연출한다고 상상했다.

> 다섯 번째 방식은 사물의 [목적으로] 인도됨에 근거한다. 우리는 의식이 결여된 사물들, 곧 자연물natural body이 목적을 이루기 위하여 움직이는 것을 본다. 이는 그 사물들이 최상의 결과를 얻기 위하여 항상 혹은 매우 빈번하게 동일한 방식으로 행동한다는 점에서 명백하게 나타나며, 이로써 그것들의 행동이 단지 우연적인 것이 아니라 참으로 목적을 지향한다는 사실을 보여준다. 그러나 의식이 결여된 존재는, 예컨대 화살은 궁수를 필요로 하듯이, 의식과 지성을 가진 존재에 의해 인도되지 않는다면 목적을 지향할 수 없다. 그러므로 자연의 만물은 어떤 지성적 존재에 의하여 그 목적이 주어지는데, 우리는 이 존재를 '하나님'이라고 부른다.
>
> —『신학대전』 Ia, 2, 3

물질적 대상의 존재와 그 규칙적인 행동을 근거로 삼아 이 대상들이 동일한 힘과 성향을 소유할 수 있도록 보존하는 신의 존재를 주장하는 논증은 2장에서 제시되었던 기준들을 매우 잘 충족시킨다. 단순한 가설인 유신론은 우리로 하여금 이러한 관찰할 수 있는 현상들의 결과를 예상할 수 있게 해주는데, 이는 다른 단순한 가설들이 할 수 없는 것이다. 신의 전선은 신의 세 가지 단순한 속성들, 곧 본질적으로 전능하고 전지하며 완전히 자유로운 속성에서 유래한다. 신은 자신의 선함으로 말미암아 사람을 창조한다. 또한 우리가 발견하는 규칙성에 따라 움직이는 우주에 산다는 것은 우리의 생존에 필수적이다. 유물론적 가설에 의하면 물질적 대상들이 서로 동일한 힘을 가지고 있는 것과 [이에 대한] 더 이상의 설명이 불가능하다는 것은 그저 단순한 우연에 지나지 않는다. 반면에 유신론은 그 기준들을 잘 충족시키기 때문에 물질적 대상의 존재와 규칙적인 행동은 신의 존재를 주장함에 있어서 타당한 근거를 제공해 준다.

사람과 동물의 신체

자연법칙으로 서술되는 자연의 질서는 시간의 경과에 따른 대상의 규칙적인 행동이지만, 자연계에서 발견되는 유일한 질서는 아니다. **사람과 동물의 신체**에도 **경이로운 질서**가 존재한다. 신체는 매우 복잡한 기계와 흡사하다. 사람과 동물의 신체에는 섬세한 감각기관이 있어서 주위의 다양한 상황에 민감하게 반응하며 우리를 둘러싼 환경에 대하여 참된 믿음을 소유할 수 있게 한다. 우리의 눈과 귀가 각각 광선과 음파를 신경자극으로 바꾸는 과정을 통하여 우리는 주변에 있는 대상들의 위치와 우리의 동료 혹은 대적의 위치를 알 수 있고, 음식이 어디에 있으며 또 그 음식에 독이 들어 있는지를 학습할 수 있다. 그리고 그 결과로 생긴 믿음에 근거하여 우리는 (우리의 생존에 필요한 목적들을 포함하여) 모든 종류의 다양한 목적들을 성취할 수 있게 해주는 기본적 행위들, 예컨대 자신의 손과 팔과 입을 움직여서 바위를 붙잡고 암벽을 등반하며 이야기를 나눌 수 있게 된다. 신체의 복잡하고 정밀한 구성은 사람과 동물로 하여금 지식을 습득하고 그에 따라 행동을 취할 수 있는 효과적인 매개체가 되었으며, 이러한 신체의 섬세함은 이전 세대의 학자들보다도 18세기의 해부학자들과 자연과학자들에게 큰 충격을 주었다. (17세기 말에 발명된 현미경을 통하여 학자들은 신체가 얼마나 세밀하게 조직되어 있는지를 눈으로 확인할 수 있게 되었다.)

18세기의 많은 저술가들은 이렇게 아름다운 조직체가 우연히 생겨난 것이라고 가정할 이유가 없다고 주장했다. 왜냐하면 신이 이를 충분히 창조할 수 있었으며, 또 이번 장의 서두에서 내 나름의 방식으로 주의를 기울였던 것처럼 신체를 가진 동물과 사람은 선한 존재이기에 신은 이들을 창조할 이유가 충분히 있었기 때문이다. 그러므로 18세기의 학자들은 사람과 동물의 신체가 신의 존재의 근거라고 주장했다. 나는 2장에서 살펴본 기준들에 의거하여 (지금까지 진술된 바와 같은) 이 주장이 옳다고 생각한다. 내가 앞에서 주장하였듯이 신은 신체를 가진 사람과 동물을 창조할 이유가 있었기 때문에 사람과 동물의 신체를 창조했다. 신은 그들의 신체를 존재하게 할 수 있었으며, 그가 그렇게 한다는 것은 우리가 3장에서 살펴본 것처럼 [유물론보다 더] 단순한 가설이다. 그러므로 신이 사람과 동물의 신체를 창조했다고 믿을 타당한 이유가 있다. 사람과 동물의 신체는 (우주의 존재와 자연법칙에 대한 우주의 순응에서 볼 수 있는 것에 덧붙여) 신의 존재에 대한 또 다른 갈래의 증거를 제공한다.

이러한 논증의 가장 대표적인 방식은 윌리엄 페일리William Paley가 『자연신학』(*Natural Theology*, 1806)에서 다루었는데, 이 설명은 다음과 같은 유명한 문구로 시작한다.

> 들판을 걸어가다가 돌 하나가 내 발에 채였는데, 누군가 나에게 그 돌이 어떻게 거기에 있게 되었는지를 물었다고 가정해 보자. 나는 아마도 "제가 잘못 아는 것이 아니라면 그 돌은 항상 거기에 있었을

것입니다"라고 답할 수 있을 것이며, 이 대답이 상식에 어긋난 것이라고 주장하기는 쉽지 않을 것이다. 하지만 내가 땅 위에 놓여 있는 **시계**를 발견했고, 마찬가지로 그 시계가 어떻게 그곳에 있게 되었는지 질문을 받았다고 가정해 보자. 나는 앞에서 답했던 것처럼 "제가 아는 한 그 시계는 항상 거기에 있었을 것입니다"라고 대답하기는 매우 힘들 것이다. 그렇다면 왜 시계의 경우에는 이 대답이 돌의 경우처럼 적용되지 않는 것일까? 왜 두 번째 경우에는 이 대답이 첫 번째의 경우처럼 받아들여질 수 없을까? 그것은 다른 이유라기보다는 다만 다음과 같은 이유 때문이다. 시계를 자세히 살펴보면 우리는 돌에서 발견할 수 없는 것들, 예컨대 의도적으로 조립되고 배열된 여러 부품들을 인지하게 된다. 이 부품들은 [시계가] 작동될 수 있도록, 그리고 그 조정된 작동을 통하여 하루의 시간을 가리키도록 매우 정교하게 조율되어 있다. 만약 각각의 부품들이 현재의 모양과는 다른 모양이었다면, 현재의 크기와는 다른 크기였다면, 현재 조립된 것과는 다른 방식으로 혹은 다른 순서로 조립되었다면, 이 기계는 전혀 작동하지 않았거나 어느 누구도 이 기계가 현재의 용도로 기능한다고 말할 수 없었을 것이다. … 우리는 그 시계가 분명히 제작자에 의해 만들어진 것이라는 추론에 필연적으로 도달하게 된다. 즉 어느 시점에 어느 장소에서 시계의 구성을 이해하고 그 용도를 계획했던 한 공장工匠 혹은 여러 공장들이 우리가 실제로 발견한 그 목적에 일치하는 시계를 제작했음에 틀림없다.

페일리는 책의 나머지 부분에서 동물과 사람이 복잡한 세부 구조를 가지면서도 얼마나 잘 만들어졌는지 보여주는 데에 집중하였고, 따라서 분명히 신이 그들을 창조하였다는 결론을 내린다. 내가 보기에 동물을 복잡한 기계에 비유한 것은 적절하며 그 결론 또한 정당하다고 여겨진다.

그렇지만 페일리의 논증은 **신이 사람과 동물을** 점진적인 과정을 통하지 않고 역사적으로 **어떤 특정한 날에 지었다고 가정할 어떤 근거도 제공하지 않는다**. 그리고 우리에게 알려진 대로 사람과 동물은 지구가 약 40억년 전에 식으면서 형성된 원시 수프primitive soup로부터 점진적인 진화의 과정을 통하여 존재하게 되었다. 이 과정에서 자연선택natural selection이 중심적인 역할을 한다. 다윈의 『종의 기원』(*Origin of Species*, 1859)은 이 이야기의 개요를 우리에게 알려주었으며 그 이후로 생물학자들은 세부적인 사항들을 채워나가고 있다. 리처드 도킨스의 『눈먼 시계공』(*The Blind Watchmaker*, 1986)은 이에 대한 단순명료한 현대적 설명으로 유명하다.

다윈의 주장은 우리에게 익숙하기 때문에 여기서는 빠르게 요약하여 설명하겠다. 원시 수프의 분자들은 우연에 의하여 스스로 재생산하는 매우 단순한 형태의 생명체로 결합된다. 초기의 생명체들은 자신과 매우 유사한 자손들을 생산했지만, 각각의 자손들 또한 우연에 의하여 조금씩 다른 모습을 가졌다. 이러한 차이점으로 인하여 어떤 자손들은 생존에 더 적합한 방향으로 적응하였기 때문에 보존되었으며, 다른 자손들은 생존하기에 충분할 만큼의 준비를 갖추지 못하여 결국 도태되었다. 그 다음 세대의 자손들도 부모 세대의 평균적인 특성을 생산했지만 역시 여러 측면에서 약간의 변이를 보였다. 진화

evolution의 과정은 어떠한 특성이 생존에 유리하면 유리할수록 그 특성이 발전되는 것을 선호했다. 다른 조건이 동일하다면 생체 구조가 복잡할수록 생존에 더 유리했기 때문에 더 복잡한 유기체들이 지구상에 나타나기 시작했다. 또한 복잡한 유기체가 생존하기에는 유성 생식 sexual reproduction이 유리했기 때문에 점차적으로 오늘날의 수컷과 암컷이라는 생체 구조가 진화하게 되었다. 동물의 특성이 무엇이든지 간에, 부모의 특성에서 일어난 미세한 변형으로 말미암아 어떤 특성이 다른 특성들보다 생존을 위한 투쟁에 더 유용하기 때문에 각각의 동물은 고유한 특성을 가지게 되었다. 예를 들어, 아주 오래 전에 기린은 다른 비슷한 크기의 동물들과 동일한 길이의 목을 가지고 있었다. 하지만 우연에 의하여 여러 쌍의 기린들이 평균치보다 목이 더 긴 자손들을 낳게 되었고, 긴 목을 가진 기린들은 다른 기린들에 비하여 (나무의 윗부분에 있는 잎과 같은) 먹이에 접근하는 것이 훨씬 수월했다. 그리하여 긴 목을 가진 기린들은 번성하였으며, 짧은 목을 가진 기린들에 비하여 더 많이 생존하면서 더 많은 새끼들을 낳게 되었다. 긴 목을 가진 기린들의 자손은 평균적으로 자신의 부모와 동일한 길이의 목을 가졌지만, 어떤 자손들은 조금 더 긴 목을 가지기도 하였고 어떤 자손들은 조금 더 짧은 목을 가지기도 하였다. 목이 더 길어질수록 더 큰 이점을 누릴 수 있었기 때문에 기린 개체군의 목의 길이도 늘어나게 되었다. 하지만 매우 긴 목을 가진 기린들은 사자들에게 쫓길 경우 숲에서도 자유롭지 않을 뿐더러 빠른 속도로 달릴 수 없기 때문에 포식자의 공격을 피하기가 쉽지 않음을 드러내었다. 따라서 기린의 목의 길이는 높은 곳의 나뭇잎들을 먹을 수 있을 만큼은 길어지되, 포식자로부터 도망치는 것이 어려울 정도로 길어지지 않는 한에서 최적화된 것이다. 이러한 이야기 혹은 이와 유사한 이야기가 바로 기린이 왜 긴 목을 가지게 되었는지에 대한 설명이다. 물론 모든 동물과 사람의 특성에 대해서도 이와 비슷한 이야기로 설명할 수 있다. 빛에 대한 민감성이 (대부분의 환경에서 많은 동물들에게) 생존을 위한 투쟁에 다소간 유리하게 작용했고, 감각이 예민할수록 더 큰 도움이 되었기 때문에 많은 동물들에게서 눈이 발달하게 되었다. 그리고 무엇보다도 다양한 감각기관과 신체 운동을 지탱해 주는 복잡한 신경조직을 가지는 것이 [생존에] 대단히 유리했기 때문에 우리는 현재와 같은 복잡한 신체 구조를 가진 동물과 사람을 볼 수 있는 것이다.

요약하자면 오늘날 동물과 사람의 복잡한 신체가 왜 존재하게 되었는가에 대한 **다윈의 설명**은 다음과 같다. 아주 오래 전에 특정한 화학물질들이 지구상에 있었고, 주어진 진화의 법칙(예컨대, 약간의 변이를 동반한 재생산)에 따라 복잡한 유기체가 창발하게 되었을 것이다. 복잡한 유기체에 대한 이러한 설명은 분명히 사실에 대한 충분한 설명 full explanation이지만, **궁극적 설명**ultimate explanation**은 아니다**. 왜냐하면 궁극적 설명이 되기 위해서는 왜 다른 법칙이 아니라 진화의 법칙이 작용하게 되었는지, 그리고 왜 그러한 화학물질이 지구상에 존재하고 있었는지에 대하여 가장 근본적인 수준의 설명이 필요하기 때문이다. 진화의 법칙은 의심의 여지없이 동물을 구성하는 유기체에 작용하는 화학법칙의 결과이다. 그리고 화학법칙은 기본적인 물리법칙이 유효하기 때문에 유지된다. 그런데 화학법칙은 왜 다른 법칙이 아닌 기본적인 물리법칙을 따르는가? 만일 물리법칙이 생명을 발생시킬 수 있는 특정한 화학적 배열의 결과나 부모의 특성이 자손 세대에 무작위적으로 변이되는 것에 대한 결과를 유지시켜 주지 않았다면, 자연선택에 의한 진화는 일어나지 않았을 것이다. 그렇다면 물질적 대상은 서로 동일한 힘과 성향을 가진다는 자연법칙을 가정한다 하더라도, 왜 그러한 법칙만을 가정하는 것인가?

최근의 과학적 연구는 만약 자연법칙이 우리가 사용하는 실제 법칙과 같은 종류라고 한다면, 이 우주의 어느 곳에서든지 생명이 진화하기 위해서는 그러한 법칙들의 상수常數들이 매우 좁은 오차범위 안에 머물러 있어야 한다는 사실에 주목하고 있다. 만일 몇몇 상수가 실제 수치보다 백만분의 일만큼이라도 크거나 작았다면, 인간은 고사하고 어떤 동물도 진화하지 못했을 것이다. '우리가 사용하는 실제 법칙과 같은 종류의 법칙'이라 함은 물리학자들이 분석한 [자연계의] 네 가지 힘, 곧 중력과 전자기력과 강한 핵력과 약력을 의미한다. 자연법칙의 '상수'라 함은 여러 힘들이 대상의 질량과 전하와 거리 등에 의해 어떻게 확정되는지를 결정하는 고정된 절대값을 뜻한다. 그러므로 중력의 법칙은 $F=Gmm1/r^2$라는 공식으로 표현되는데, 설명하자면 두 대상이 서로 끌어당기는 중력은 두 대상의 질량(m과 m1)의 곱에 [중력 상수] G를 곱한 후에 거리(r)의 제곱으로 나눈 값이다. (**'미세조정'**fine tuning에 관한 짧고 간단한 설명은 존 레슬리John Leslie의 『우주』의 2-6쪽을 참고하고, 최근의 논의를 충분히 확인하고 싶다면 폴 데이비스Paul Davies의 『골디락스 수수께끼』의 1-7장, 그 중에서도 특히 7장을 참고하라.)

유물론자는 왜 그 법칙들이 존재하는가에 대한 설명은 없다고 말한다. 하지만 유신론자는 그 법칙들이 궁극적으로 동물과 사람을 진화시키는 결과를 가져오기 때문에 신이 그 법칙들을 만들 이유가 있다고 주장한다.

심지어 어떤 특정한 물질의 원시 수프로부터 복잡한 유기체가 발생하는 진화의 법칙을 일으키는 물리법칙을 가정하더라도, 동물과 사람은 화학적으로 적절하게 구성된 원시 수프가 존재했어야만 진화를 시작할 수 있었을 것이다. 지구가 실제로 형성되었을 때의 수프와 화학적인 구성이 다른 일부 수프들 역시 실제로 물리법칙에 의하여 동물들을 발생시켰다. 그러나 다르게 배열된 기본 입자들로부터 만들어진 대부분의 화학 요소의 수프들은 동물을 발생시키지 않았다. 그렇다면 왜 [생명을 발생시킬 수 있는] 특정한 원시 수프가 존재했는가? 우리는 세계의 역사를 거슬러 올라가면서 이를 추적해 볼 수 있다. 원시 수프는 지구가 그 당시의 모습 그대로 형성되었기 때문에 존재했다. 그리고 지구는 우주가 그 당시의 모습 그대로 형성되었기 때문에 그러한 방식으로 형성되었다. 이러한 소급은 명백한 우주의 시작이라고 할 수 있는 135억년 전의 폭발인 **빅뱅**에 이를 때까지 계속 이어진다. 빅뱅이 일어났을 때에 물질-에너지가 생명을 일으키기 위해서는 마찬가지로 밀도와 수축 속도가 매우 좁은 오차범위 안에 머물러 있어야만 했다. 만일 빅뱅으로 인하여 물질-에너지 덩어리들 사이의 수축이 조금만 더 빠르게 진행되었다면, 그 어떤 우주도 별도 행성도 형성되지 않았을 것이며, 따라서 생명체에 적합한 환경은 지구상이든지 우주의 다른 어느 곳에서든지 형성되지 않았을 것이다. 반대로 만일 수축이 아주 조금이라도 느리게 일어났다면, 우주는 생명체가 형성되기도 전에 일찌감치 스스로 붕괴되었을 것이다. 만일 궁극적인 과학적 설명이 있다면 그 설명은 다음과 같은 내용을 주어진 사실brute fact로써 남겨 두어야 할 것이다. 즉 우주는 그러한 상태에서 시작되었고, 생명을 발생시키는 자연법칙을 가지고 있었으며, 초기 조건에 미세한 차이가 있었다면, 단언컨대 어느 곳에서도 생명은 절대로 진화할 수 없었을 것이다.

물론 **우주**는 빅뱅과 함께 시작된 것이 아니라 **영원히 존재해 왔을 수도 있다**. 설령 그럴지라도 우주의 물질은 어느 때이든지 동물과 사람을 만들어 내기에 적합한 상태가 되기 위해서 어떤 일반적인 특징을 가져야만 했다. 예를 들어, 어느 때이든지 화학 물질이 만들어질 수 있도록 너무 많지는 않되 충분한 양의 질료와, 또 서로 간에 충분한 공간을 가진 많은 수의 기본 입자들이 필요했다. 그리고 오직 특정한 좁은 범위에 적용되는 법칙들만이 동물과 사람을 어느 때이든지 존재하게 할 수 있었다는 사실은 여전히 유지된다. 이 지점에서 또다시 유물론자는 영속하는 우주와 그 법칙들은 그러한 특성들을 그저 가지고 있었다는 설명을 궁극적으로 주어진 사실ultimate brute fact로써 남겨 둘 수밖에 없다. 반면에 유신론자는 왜 사물이 그렇게 존재하는가에 대하여, 신이 영속하는 시간의 매 순간마다 그것들을 보존한다고 하는 단순한 궁극적 설명을 제공한다. 여러 다른 이유 중에서도 신은 인간이 지구상에서 어느 시점에는 (혹은 다른 행성에서 다른 시점에라도) 진화할 것을 보장하기 위해서 우주를 보존한다.

진실로 신은 굳이 기나긴 진화의 과정을 통하지 않고도 사람을 창조할 수 있었다. 하지만 유신론적 가설에 대한 이러한 반론은 신이 어떤 대상을 창조하는 유일한 이유가 오직 인간을 위해서라고 가정할 때에만 가능할 뿐이다. 다시 내 요점을 반복하자면 신은 동물을 만들 이유도 가지고 있었다. 비록 무엇을 할지 자유로운 선택은 내리지 못할지라도, 동물들 역시 의식이 있는 존재들로서 생명을 풍성하게 누리고 의도적인 행위를 할 수 있다. 신은 코끼리와 기린, 호랑이와 달팽이에게도 생명을 부여할 이유를 충분히 가지고 있다. 그리고 빅뱅(혹은 영원성)으로부터 진화한 무생물적 세계의 아름다움은 오직 신만이 유일한 목격자가 된다고 하더라도 그 자체로 신이 우주를 창조할 충분한 이유가 된다. 하지만 신은 그렇게 하지 않았다. 우리들도 이제는 천체망원경을 통하여 더 이른 단계의 우주의 진화를 감탄하며 바라볼 수 있게 되었다. 한마디로 신은 커다란 물감통에서 큰 붓으로 우주를 그려나가기 때문에, 그는 아름다운 우주를 칠함에 있어서 물감을 아낄 필요가 전혀 없다.

다윈은 우주가 동물과 사람을 만들어 내는 기계임을 보여주었다. 리처드 도킨스는 『눈먼 시계공』의 13쪽에서 "우리 자신의 존재는 한때 모든 신비 중 가장 위대한 것이었지만… 이제는 더 이상 신비가 아니다. 다윈과 월리스A. Wallace가 이를 해결했다"라고 말했지만, 이러한 설명에는 오해의 소지가 다분하다. 왜냐하면 다윈과 월리스가 '우리 자신의 존재'를 설명하기 위해 인용하는 요소들은 그 자체로 추가적인 설명을 필요로 하는데, 도킨스는 그 요소들로 구성된 기계의 존재와 작동에 대한 흥미로운 질문을 무시하기 때문이다. 나는 이성적 탐구의 원리를 따라 이러한 의문을 계속 제기해 왔다. 다윈은 동물과 사람의 존재에 대한 충분한 설명을 제공했지만 나는 그 설명이 완전하다거나 궁극적이라고 생각하지 않는다. 시계는 눈먼[무의식적인] 드라이버나 기계의 도움으로 만들어졌을 수는 있으나, 그러한 기계들은 매우 명징한 시력을 지닌 [의식적인] 시계공에 의하여 사용되었다.

이를 반박하는 사람은 **인류중심의 원리**anthropic principle라고 알려진 형식에 의거하여 우주가 만일 내가 설명한 유형의 질서(동물과 사람의 진화를 이끄는 방식으로서 사물에 작용되는 단순한 법칙)를 드러내지 않는 이상 그 사실에 대하여 논할 수 있는 사람은 존재하지 못했을 것이라고 생각한다. 그러므로 우리가 진화의 질서를 발견한다는 사실은 놀라운 것이 아니며, [오히려] 우리는 이 질서 외에는 다른 것을 발견할 수 없다고 주장한다. 그러나 이러한 논증은 다음과 같은 비유의 논리에 의하여 완전히 반박된다. 어떤 정신이상자가 피해자를 납치하여 카드를 섞는 기계가 있는 방에 가두었다고 가정해 보자. 그 기계는 열 팩의 카드를 동시에 섞었다가 각각의 팩에서 한 장씩 뽑은 후에 열 장의 카드를 동시에 보여준다. 납치범은 피해자에게 말하기를, 그가 잠시 후에 기계를 작동시키면 그 기계는 곧 첫 번째 뽑은 카드들을 보여줄 것인데, 각각의 팩에서 하트 에이스가 나오지 않는다면 기계는 바로 폭발하여 피해자는 죽게 될 것이며, 자신도 기계가 어떤 카드를 뽑았는지 볼 수 없을 것이라고 하였다. 그 후에 기계가 작동했는데, 각각의 팩에서 모두 하트 에이스가 뽑혔고, 피해자는 이에 놀라움을 금치 못하며 동시에 안도의 한숨을 내쉬었다. 그리고 피해자는 이런 기이한 사실에 대하여 기계가 어떻게 조작되었는가에 대한 설명이 필요하다고 생각했다. 하지만 다시 나타난 납치범은 그러한 생각에 의심을 품었다. 납치범은 다음과 같이 말했다. "기계가 하트 에이스만을 뽑았다는 것은 그리 놀라운 일이 아니다. 너는 다른 것을 볼 수가 없었다.

왜냐하면 만일 다른 카드가 뽑혔다면 [폭탄이 터졌을 것이므로] 그것을 확인할 수 있는 너의 존재 자체가 없었을 것이기 때문이다." 그러나 물론 피해자의 판단이 옳고 납치범은 틀렸다. 확실히 열 장의 하트 에이스가 뽑힌 것은 기이한 일이며 설명을 필요로 한다. 따라서 이런 특수한 질서가 존재했다는 것 자체가 뽑기 행위를 인지할 수 있는 필요조건이라는 사실은, 인지된 특수한 질서를 덜 기이한 것으로 만들지 않으며 여전히 이에 대한 설명을 필요로 한다. 유신론자는 무질서가 아니라 질서가 존재한다는 점에서 논증을 시작하는 것이지, 무질서가 아니라 질서를 인지한다는 점에서 시작하는 것이 아니다. 질서가 있어야만 우리는 무엇이 존재하는지 알 수 있을 것이며, 질서가 있다는 사실이 존재하는 것을 덜 기이하게 만든다거나 설명이 필요 없게 만들지는 않는다. 만일 오직 우연에 의해서 무엇이 뽑힐지 결정되는 것이라면 사물계의 모든 뽑기를 비롯하여 모든 배열을 연역적으로 파악하는 것 역시 동일하게 불가능하다. 그러나 만약 어떤 인격체가 이것들을 배열한다면, 그는 여러 배열들 중에 특정한 배열(열 장의 하트 에이스로 비유되었던, 동물과 사람을 만들어 낼 수 있는 미세조정된 세계)을 만들 충분한 이유가 있다. 그리고 만일 우리가 그러한 배열을 찾아낸다면 그것은 곧 배열을 조정하는 어떤 인격체가 있음을 가정할 근거가 된다.

또 다른 반대자는 다세계 이론many-worlds theory이라 불리는 것을 내세울 수도 있다. 그 반대자는 만일 (**'다중우주'**multiverse라고 불리는) 수억 수조 개의 우주들이 각각 매우 다양한 유형의 질서와 무질서를 드러내면서 존재한다면, 이런 우주들 중에는 (사람과 동물 등의) 생명체가 진화할 수 있는 단순하고 이해하기 쉬운 법칙에 의해 운영되는 우주가 존재할 가능성이 상당히 높을 것이라고 주장할 수 있다. 하지만 우리는 우리의 우주 말고도 다른 우주들이 존재한다고 가정할 만한 근거가 필요하다. 우리가 가질 수 있는 유일한 근거는 우리의 우주에서 관찰할 수 있는 증거들(2장에서 제시된 기준들)로 말미암아 개연성이 확보된 물리학의 이론이다. 물리 이론은 우주들이 (또는 하나의 에너지 장field이) 각각 법칙들과 초기 조건(생성 시점에 물질-에너지가 배열된 방식)이 서로 다른 우주들을 '낳는다'는 결과에 도달한다. (최근의 물리학자들이 가정한 이러한 유형의 다중우주에 대한 설명을 보려면 폴 데이비스의 『골디락스 수수께끼』의 9장을 참고하라.) 이러한 이론을 바탕으로 우리의 우주가 더 오래된 우주(또는 에너지 장)로부터 생성되었으며, 우리의 우주도 법칙과 초기 조건이 서로 다른 하나의 혹은 여러 젊은 우주를 낳을 수 있다는 주장이 도출될 수 있다. 이러한 우주들의 대다수는 우리의 우주와는 달리 동물과 사람을 발생시킬 법칙과 초기 조건을 가지고 있지 않았을 것이다. 그러나 우주의 전체 체계, 곧 이 다중우주 자체는 법칙에 의해 운영되면서 특정한 초기 조건을 가지고 있었거나 (만일 시작점이 없었다면) 다른 일반적인 특징들, 곧 어느 시점에든지 (사람과 동물 등의) 생명체를 진화시키는 (즉 어떤 행성에서든지 동물과 사람을 발생시키는) 우주를 만들어 내도록 작동했을 것이다. 그러므로 이 다중우주는 각 우주 안에서 더욱 특수한 형식을 가지는 매우 보편적인 법칙들을 가질 것이며, 우리의 우주에는 생명을 진화시키는 형식의 법칙이 있을 것이다. 따라서 다중우주는 그 자체로 생명을 진화시킨다. 지금까지의 설명은 우리가 앞으로 진지하게 살펴볼 다세계 이론 지지자들의 주장이었다.

그러나 우리가 이 주장을 진지하게 다루어 본다면 자연법칙의 작용에 근거한 논증은 앞에서 살펴보았던 것처럼 진행될 것이다. 다중우주가 매우 보편적인 법칙에 의해 운영된다는 사실은 우리가 충분히 이해할 수 있을 만큼 단순하다. (우리가 다중우주를 가정하는 것에 대한 정당성을 확보하기 위해서는 반드시 단순해야만 한다.) 이 사실은 곧 **다중우주에 속한 모든 물질적 대상들은 서로 동일한 단순보편적인 힘과 성향을 가진다**는 것을 의미한다. 우리는 이 굉장한 사실에 대한 설명을 찾아야만 한다. 그리고 우리는 이전과 마찬가지로 (2장의 기준에 의하여) 신이 바로 그에 대한 설명임을 가정할 근거를 얻게 된다.

더 나아가 우리는 (우리의 우주가 속해 있는) 실제 다중우주 대신에 결코 생명을 진화시키지 않는 우주를 낳았을 (그 자체로 다른 유형의 법칙으로 운영되며, 상당히 다른 초기 조건 혹은 일반적인 특징을 가지는) 다중우주가 존재할 수도 있었다는 점에 주의를 기울여야 한다. 그리고 **수많은 다른 가능한 다중우주들** 역시 이와 같이 **생명을 진화시키지 않는** 우주일 것이다. 따라서 우리의 우주가 다중우주에 속한다고 가정할 이유를 찾는다면, 우리는 먼저 그러한 실제 다중우주가 왜 생명을 진화시키는지, 즉 다중우주의 보편적인 법칙과 초기 조건은 (또는 다른 일반적 특징은) 왜 사람과 동물을 특정한 시점에 발생시키는 우주를 특정한 시점에 진화하도록 이끌었는지에 대한 설명을 찾아야만 할 것이다. 여기서 우리는 다시 이전과 마찬가지로 신이 이를 행하였다는 것을 가정할 근거를 가진다. 신은 (다중우주보다 훨씬 더) 단순한 존재이며, 바로 그가 사람과 동물의 존재와 그들을 포함하는 우주를 발생시킨다고 여겨진다. 따라서 신이 만일 다중우주를 창조한다면 그것은 확실히 생명을 진화시키는 우주임이 확증된다. 그렇지 않다면 다중우주가 생명을 진화시키는 우주라고 가정할 근거는 없을 것이다.

'가능 다중우주'possible multiverses는 크기가 모두 제각각이다. 어떤 다중우주는 오직 하나의 우주만을 보유하며 다른 다중우주들은 무한한 우주를 보유한다. 가능 다중우주들은 또한 그 유형이 다양하다. 내가 **좁은 다중우주**narrow multiverses라고 부르는 다중우주는 (중력의 법칙, 전자기력의 법칙, 그리고 다른 두 힘•과 같은) 우리의 법칙과 동일한 형식의 법칙으로 운영되는 우리의 우주와 비슷한 종류의 물질만을 포함하되, 상수값은 다르게 가진다. (자연법칙의 상수들은 힘의 강도를 결정한다. 따라서 그러한 우주들의 중력과 전자기력은 우리의 우주보다 강할 수도 있고 약할 수도 있다.) 많은 물리학자들은 우리가 이러한 유형의 다중우주에 속한다고 상정하는 '급팽창 이론'inflation theory을 받아들인다. 반면에 내가 **넓은 가능 다중우주**wide possible multiverses라고 부르는 다중우주는 우리의 우주에서 작용하는 법칙과는 다른 형식의 법칙에 의해 운영되며, 우리의 우주와는 서로 다른 종류의 물질을 가진 우주들을 포함한다. 예를 들어, 넓은 다중우주는 대상들 사이에서 작용하면서 각각의 대상이 소유한 특정한 속성의 양에 따라 강도strength가 다양한 12가지의 다른 종류의 법칙들을 가지는 우주를 포함할 수 있다. 이러한 속성들은 우리의 우주에서 발견되지 않는 (대상의 행위를 결정하는 질량과 전하 등이 우리의 우주와는 확연히 다른) 종류의 속성

• 다른 두 힘은 극미세계를 구성하는 강력strong force과 약력weak force이며, 이들은 핵 내부에서 작용하므로 우리의 일상생활에서는 경험할 수 없다.

들이다. 다중우주가 더 넓어질수록 (더 많은 다양한 유형의 우주를 포함할 수록) 생명을 진화시키는 우주를 포함하는 다중우주가 존재할 가능성은 더 높아진다. 따라서 만일 매우 넓은 다중우주가 존재한다면 그 우주는 사람을 포함하는 우주일 가능성이 상당히 높다고 여겨진다. 그러나 **이런 유형의 매우 넓은 다중우주의 가장 보편적인 법칙들은 대단히 복잡할 수밖에 없다.** 만일 어떤 모우주parent universe가 모우주에서 작용하는 구체적인 법칙과는 상당히 다른 법칙들로 운영되는 자우주daughter universe를 만들어 낸다면, 그 모우주의 가장 보편적인 법칙들은 (모우주의 법칙과 비교해 보았을 때) 단순히 상수값만 다른 법칙들로 운영되는 자우주를 만들어 내는 보편적인 법칙보다 훨씬 더 복잡할 것이다. (비유하자면, 다양한 종류의 초콜릿과 사탕을 생산하는 기계는 단지 한 종류의 초콜릿을 다양한 크기로 생산하는 기계보다 더 복잡해야 한다.) 이는 곧 (우리의 우주에서 관찰할 수 있는 근거를 기반으로) 더 좁고 더 단순한 다중우주를 가정하는 물리 이론은 더 넓은 다중우주를 가정하는 이론에 비하여 (61쪽에 나왔던) 기준 (2)를 항상 더 잘 충족시킨다는 것을 의미한다. 따라서 우리는 넓은 다중우주를 가정하는 것의 정당성을 확보하기 전에, 우리가 좁은 다중우주에 속한다고 가정할 경우에 설명할 수 없었던 것들에 대한 (우리의 능력을 벗어나는 일이기는 하지만, 우리의 우주를 관찰함으로써 얻을 수 있는 자료보다 훨씬 더 많은 양의) 새로운 관찰 근거가 필요하다. 심지어 만일 모든 넓은 다중우주가 생명을 진화시킨다고 하더라도, 어떤 이유로 우주가 없지 아니하고 있으며, 그 우주가 좁은 다중우주나 단지 하나의 우주가 아니라 넓은 다중우주로서 존재하는지에 대한 의문은 여전히 남는다.

그러나 만일 매우 넓은 다중우주가 존재한다면, 우리의 우주와 비슷한 우주를 포함하는 것에서 그치는 것이 아니라 인간이 존재하는 다른 우주들을 많이 포함할 가능성이 있다. 하지만 **인간을 포함하는 이러한 다른 우주들은 많은 측면에서 우리의 우주와 유사하지는 않을 것이다.** 인간을 포함하는 다른 우주들을 주관하는 법칙은 소수의 인간들이 좁은 반경에 거주하면서 자신의 행동을 충분히 예측하고 결정하게끔 만드는 단순한 결과들만을 산출할 수 있다. 그러한 우주에 살고 있는 인류는 자신에게든지 남에게든지 좋거나 나쁜 영향을 미칠 만한 힘을 가지고 있지 않을 수도 있다. 그들은 단단한 껍질 안에서 살기 때문에 서로에게 도움을 주거나 혹은 해를 가하지 못할 수도 있다. 식량이 풍부하게 있어서 음식을 생산하기 위하여 협력할 필요가 없을 수도 있다. 아기들은 부모의 돌봄이 필요 없는 무성 생식의 방법으로 태어날 수도 있다. 사람들에게는 서로를 향한 자연적인 사랑과 도덕 감정이 없을 수도 있다. 그리고 그 우주에는 우리의 우주에 존재하는 고통보다 훨씬 더 심각한 유형의 고통이 있을 수도 있다. 우리가 비록 그러한 우주에 살고 있지는 않더라도, 우리는 (101-102쪽에서 언급된 특징들처럼) 굉장히 가치 있는 삶을 살 수 있는 우주에 살고 있으며 수억 킬로미터 떨어진 곳에 있는 사물이 어떻게 행동하는지를 이해한다. 만일 신이 우리의 우주를 (가능하다면 좁은 다중우주에 속하도록) 존재하게 했다면 우리는 이러한 사실을 (2장의 기준들에 의하여) 예상할 수 있다. 하지만 만일 대단히 넓은 다중우주가 신에 의해 생성되지 않았다고 한다면 이는 매우 개연성이 낮을 것이다. 기준 (4)에 의하면 내가 위에서 언급했던 우리의 우주와 동일한 특징을 가진 우주에서 우리가 존재할 확률은, 우리의 우주가 신이 창조하지 않은 대단히 넓은 다중우주에 속한다고 할 때보다 우리의 우주가 (또는 우리의 우주가 속한 좁은 다중우주가) 신에 의해 창조되었다고 할 때에 훨씬 더 높다고 예상할 수 있다. 이성적인 연구자라면 주어진 증거를 근거로 삼아야만 하며, 심지어 그 증거가 다중우주로 이어진다 하더라도 그것은 상대적으로 좁은 우주일 가능성이 매우 높다. 그리고 그러한 다중우주가 존재한다는 것은 이 장의 논증에 아무런 영향도 미치지 않는다.

그리하여 우리의 우주가 (또는 다중우주가) 존재한다. 이 우주는 광대하고, 시간적 질서가 편재하며, 인간에 의해 설명된 과학법칙으로 확립한 공식에 자연이 순응한다는 점이 특징이다. 우리의 우주는 동물과 사람을 진화시키도록 이끄는 방식으로 (또는 그러한 특징으로 묘사되는 영원성을 통하여) 시작되었다. **이러한 현상은 분명히 과학이 설명하기에는 '너무나 큰' 주제들이다**. 이 주제들에서 과학은 멈추게 된다. 우주의 생성과 진화 현상은 과학의 틀 자체를 구성한다. 나는 과학이 멈추는 지점에서 설명도 멈춘다고 가정하는 것은 합리적인 결론이 아니라고 주장해 왔다. 따라서 우리는 존재와 법칙의 적응성과 우주의 진화적 잠재력에 대한 인격적 설명personal explanation을 추구해야 하는데, **유신론**은 바로 그러한 **설명을 제공해 준다**. 그렇다면 내가 2장에서 제시한 기준들에 의하여 유신론이 참이라고 믿을 강력한 근거가 생긴다. 나는 과학이 아직 설명하지 못한 부분들을 설명해 줄 뿐인 '간극의 신'God of the gaps을 상정하는 것이 아니다. 나는 과학이 설명하는 것을 설명하기 위하여 신을 상정한다. 나는 과학이 이 세계를 설명한다는 사실을 부정하지는 않지만, 과학이 왜 설명의 수단이 되는지를 밝히기 위하여 신의 존재를 상정한다. 과학은 이 자연계가 얼마나 질서 정연한지를 성공적으로 증명하였으며, 바로 이러한 사실이 우리에게 그 질서에는 더욱 깊은 원인이 있다고 믿을 만한 강력한 근거를 제공해 준다.

5
장

신의 존재가
어떻게 인간의 존재를
설명하는가

이전 장에서 동물과 인간의 존재를 발생시키는 진화의 과정을 대략적으로 진술했지만, 나는 가장 중요한 주제를 얼버무리고 지나갔다. 동물과 인간의 신체는 확실히 진화의 과정에 의하여 존재하게 되었으며, 이 과정은 (신에 의해 유지된다고 여겨지는) 자연과학에 의하여 발견된 자연법칙에 따라 진행된다. 하지만 인간에게는 신체보다 더 중요한 것이 있다. **인간은 (그리고 고등동물은) 의식이 있는 존재이다**. 인간과 고등동물은 사고능력과 정서를 가진 반면, 원자들은 생각이나 감정을 가질 수 없다. 하지만 나는 이러한 의식consciousness이 물질적인 대상에 불과한 신체의 속성이 될 수는 없다고 생각한다. 의식은 분명히 신체와 연결된 다른 무엇의 속성임에 틀림없다. 나는 그 다른 무엇에 대해 전통적으로 사용했던 영혼soul이라는 이름을 붙이겠다. 진화의 역사에서 특정한 시점에 고등동물들의 신체에 영혼이 연결되었는데, 나는 이 현상을 설명하는 것은 과학의 영역을 완전히 넘어서는 일이라고 생각한다. 하지만 유신론은 이를 설명할 수 있다. [유신론에 의하면] 신은 신체와 영혼을 결합할 능력과 이유가 있기 때문이다. 그렇지만 나는 먼저 이 현상을 설명한 후에 이어서 인간은 (그리고 고등동물은) 두 부분으로, 곧 물질적 실체인 **몸**과 비물질적 실체이자 사고와 감정 등의 의식적인 활동이 포함되어 있는 **영혼**으로 구성되어 있다는 점을 밝히고자 한다. 나는 이러한 설명을 먼저 인간의 경우에 적용한 후에 동일한 설명이 고등동물에게도 해당된다는 점을 간단히 살펴보겠다.

인간의 영혼

내가 2장에서 언급했듯이 세계는 실체들로 구성되어 있다. 책상, 의자, 사람, 신경세포, 뼈 등은 모두 실체이다. 실체는 '갈색'이거나 '사각형'과 같은 속성property을 지니고 있으며, 또한 '다른 책상으로부터 3미터 떨어져 있음'이나 '어떤 것 다음에 존재함'과 같이 다른 실체와 관계relation를 맺고 있다. 특정한 실체가 특정한 시간에 특정한 속성이나 관계를 가지는 것을 사건event이라고 부른다. 예를 들어, 나의 넥타이는 1995년 1월 1일 오전 8시에 초록색이었고, 어떤 뉴런(신경세포)은 1994년 1월 2일 오후 2시에 발화(전기를 빠르게 방출하는 행위)하였다. 만일 사건을 일으킬 수 있거나 사건을 변화시킬 수 있다면 어떤 것이라도 실체인 것이다. 따라서 공간을 차지하는 물질적 실체가 존재하는 것처럼 공간을 차지하지 않는 비물질적 실체도 존재할 수 있다. 나는 이 책에서 그러한 비물질적 실체인 신이 존재한다는 것을 주장한다. 만약 귀신이나 유령이 존재한다면 그들 역시 비물질적 실체일 것이다. 나는 이번 장에서 우리 각자에게 필수적인 부분은 바로 비물질적 실체인 영혼이라는 것을 증명하려고 한다.

세계의 역사는 지금까지 일어난 모든 사건들의 연속일 뿐이다. 만일 당신이 지금까지 일어났던 모든 사건들을 안다면 (즉 어떤 실체가 존재했고 그때 어떤 속성을 가졌으며 다른 실체와 어떤 관계를 맺고 있었는지 안다면) 지금까지 일어난 모든 것을 안다는 말과 다름없다.

속성과 사건은 물리적일 수도 있고 정신적일 수도 있다. **물리적 사건**physical event은 어느 누구도 다른 사람들에 비해 그 사건에 대하여 필연적으로 더 잘 알 수 있는 위치에 있지 않은 사건이다. 물리적 사건들은 공적인 성격을 띠며 이 사건들에 접근할 수 있는 특권은 존재하지 않는다. 그러므로 내 책상이 사각형인 것은 물리적 사건이다. 왜냐하면 내가 이 책상을 관찰하는 유일한 사람일 수는 있어도 다른 사람들 역시 내가 관찰한 것처럼 이 책상이 사각형이라는 것을 확인할 수 있기 때문이다. 예를 들어, 뇌 속에 특정한 뉴런이 특정한 시간에 발화하는지에 대한 여부는 다른 많은 관찰자들도 동등하게 관찰할 수 있는 것이기 때문에 뉴런의 발화 역시 물리적 사건이다. 반면에 **정신적 사건**mental event은 한 사람이 특별한 방식으로, 즉 실제로 그 사건을 경험함으로써 알 수 있는 사건이다. 정신적 사건을 경험하는 사람은 그 사건에 접근하여서 파악할 수 있는 특권을 가지며, 이는 다른 사람들이 공유할 수 없는 것이다.

우리가 우리 자신의 경험을 통해 알고 있듯이 정신적 사건이 실제로 존재한다는 사실은 다른 어떤 것보다도 분명하다. 정신적 사건은 시야에 들어오는 색깔들의 양식, 고통과 전율, 믿음, 생각, 그리고 감정 등을 포함한다. 또한 정신적 사건은 2장에서 논의했던 것처럼 우리가 신체를 이용하거나 혹은 다른 방식을 이용하여 실현하고 싶어 하는 '목적'도 포함한다. 만일 다른 사람들이 특정한 방법을 통해 내가 어제 정오에 느꼈던 고통이나, 내 시야에 붉은색의 심상image이 들어

온 것이나, 점심으로 무엇을 먹을지 생각하는 것이나, 런던으로 갈 의도를 형성하는 것 등을 알아낼 수 있다면, 나 역시도 동일한 방법을 사용하여 그것들을 알아낼 수 있다. 다른 사람들은 내 행동과 더불어 내 두뇌를 연구함으로써 내 고통과 생각을 알 수 있을 것이다. 물론 나 역시도 내 행동을 연구할 수 있다. 내 자신을 관찰한 영상을 볼 수도 있고, 다른 사람들이 할 수 있듯이 다중거울이나 현미경을 사용하여서 내 두뇌를 연구할 수도 있다. 하지만 나에게는 나의 행동이나 뇌를 관찰하는 그 어떤 뛰어난 연구자보다도 내 자신의 고통과 생각들을 더 잘 알 수 있는 이유가 있다. 그것은 바로 내가 그것들을 실제로 경험한다는 사실이다. 결론적으로 정신적 사건은 두뇌 활동이나 다른 신체 활동과 반드시 구분되어야만 한다. 신경생리학자들은 내 시야에 들어온 색깔의 특성이나 내 코를 자극하는 구운 쇠고기의 냄새를 관찰할 수 없다. 지구에 온 화성인이 한 사람을 붙잡아서 그의 뇌를 조사한다고 가정해 보자. 화성인은 그 사람의 뇌에서 일어나는 모든 일들을 발견할 수 있겠지만, 여전히 그는 '내가 이 사람의 발가락을 밟는다면 그는 무엇을 느낄 것인가?'라는 의문을 가질 수 있다. 더 나아가 두뇌 활동의 발생 너머에 고통, 잔상殘像, 생각, 의도들이 있다는 것도 사실이다. 마찬가지로 정신적 사건은 전형적으로 발생하는 [물리적] 활동들과는 구분되어야 한다. 사람들은 자신이 표현할 수 없는 것들, 예컨대 그들이 드러내지 않는 고통이라든지 [아무에게도 말하지 않은] 꿈에서 경험한 감정 등에도 감각을 가지고 있다. 만일 감각들이 행동으로 표출된다면, 주체는 이 행동을 일으킨 사건과는 별개로 이 감각을 의식한다.

나는 정신에 접근할 수 있는 특권이 주체에게 있다는 것을 강조하고자 한다. 사람들에게는 많은 속성들이 있으며 우리는 그것들을 때때로 '정신'이라고 부른다. 하지만 내 생각에 그것들은 정신이 아니라 단지 공개적으로 드러난 행동의 속성일 뿐이다. 우리가 누군가에 대하여 그가 관대하다거나 화를 잘 낸다거나 혹은 유용한 정보자원이라고 말한다면, 우리는 그가 대중적으로 행동하는 방식에 관하여 말하는 것일 뿐이며, 그러한 행동의 배후에 놓여 있는 그의 생각과 감정에 관하여는 말하지 않는 것일 수 있다. 우리는 화를 잘 내는 것을 자연스럽게 정신적 속성이라고 설명할 수도 있다. 하지만 이것은 내가 정의한 의미에 의하면 정신적 속성이 아니다. 나는 두뇌 활동과 내가 정의하는 정신적 사건이 분명히 구분된다는 점을 밝히고자 한다. 이를 강조함에 있어서 나는 내 정신적 사건의 대부분이 두뇌 활동에 의해 일어난다는 사실을 부정하고 싶지는 않다. 예를 들자면 (내 치아에 일어난 일로 말미암아 발생된) 나의 뇌 속에서 일어나는 사건은 치통을 유발하며, (창문 바깥의 나뭇가지가 움직임으로써 발생된) 나의 뇌 속에서 일어나는 또 다른 사건은 나로 하여금 나뭇가지가 움직였다는 믿음을 갖게 한다. 하지만 중요한 사실은 휘발유의 점화가 그로 인해 야기되는 폭발과는 구별되는 것처럼, 두뇌 활동 역시 그로 인해 야기되는 고통이나 다른 어떤 것들과 구별된다는 점이다. 물론 이러한 인과관계는 역으로도 성립한다. [팔다리를 움직이려고 하는] 나의 의도는 (비의도적인) 두뇌 활동을 발생시키며, 두뇌 활동은 다시 (내가 의도한) 팔다리의 움직임을 발생시킨다.

인간은 무생물과는 다르게 정신적 속성을 가지고 있다. 인간은 정신적인 삶을 영위하는데, 이는 인간에게 단지 몸과 연결된 정신적인 삶이 있다는 것 이상의 의미가 있다. 나는 **정신적인 삶** 그 자체는 신체와 연결된 **비물질적 실체인 영혼의 상태**라고 생각한다. 인간이 서로 연결된 두 실체, 곧 영혼과 신체로 구성되어 있다는 관점은 실체이원론substance dualism으로 알려져 있다. 이에 대하여 인간은 단지 몸일 뿐이라고 주장하는 견해도 있다. (즉, '나'라는 존재는 우리가 일상적으로 '나의 몸'이라고 부르는 것과 같은 것이다.) 이에 따르면 고통을 겪거나 잔상을 가지는 등의 정신적 속성은 내 신체의 속성이 되는 것이다. 이러한 인간관을 실체일원론substance monism이라고 부르는데, 이는 오직 한 종류의 실체인 물질적 실체만이 존재한다는 견해이다. 만일 일원론이 옳다면, 세계의 역사는 그저 물질적 실체가 생성되어서 (물리적인 혹은 정신적인) 속성과 관계를 가지다가 결국에 소멸하게 되는 사건들의 연속에 불과할 것이다. 만일 당신이 이 모든 것을 알았다고 하더라도, 나는 당신이 여전히 가장 중요한 것 한 가지를 모르고 있다는 점을 지적하고자 한다. 그것은 바로 당신이 당신 자신이나 다른 사람들이 의식을 가진 삶을 살아왔는지에 대하여 확신할 수 없다는 사실이다.

뇌 이식brain transplant을 예로 들어 이러한 사실을 설명해 보겠다. 우리의 뇌는 두 개의 반구hemisphere와 뇌간brain-stem으로 이루어져 있다. 설령 뇌의 반구 하나가 크게 손상을 입더라도 사람은 생존할 수 있으며 의식적인 존재로서 행동할 수 있다는 증거가 충분히 있다. 이제 내 뇌를 (두 반구와 뇌간을) 둘로 나누고, 절반의 뇌를 각각 내 두개골에서 꺼내서 방금 뇌가 제거된 다른 두 몸의 빈 두개골에 이식한다고 상상해 보자. 그리고 또 다른 사람으로부터 (예컨대 내 일란성 쌍둥이 형제로부터) 절반의 뇌와 (뇌간 등의) 다른 부위들을 [그 두 몸에 각각] 이식하여서 의식적인 경험이 가능한 살아있는 두 사람이 되게 하였다고 가정해 보자. 물론 나는 이런 섬세한 수술이 현재로서는 사실상 불가능하고, 인간의 빈약한 기술력과 자원으로 미루어 보건대 [미래에도] 결코 가능하지 않을 수 있다는 사실을 잘 인지하고 있다. 하지만 나는 이러한 수술의 방식에 있어서 극복할 수 없는 이론적 어려움이 있다고 생각하지는 않는다. (실제로 이것은 온건한 표현이며 나는 언젠가 이러한 수술이 가능해질 것이라고 예상한다.) 그러므로 우리는 더 심화된 질문을 던질 수 있다. 만약 이 수술이 이루어져서 우리 앞에 의식적인 경험을 할 수 있는 두 사람이 있다고 한다면, 둘 중에 누가 나인 것인가? 아마도 이 두 사람 모두 어느 정도는 나처럼 행동할 것이고, [자신이] 나라고 주장할 것이며, 내가 했던 일들을 기억할 것이다. 왜냐하면 대부분의 말과 행동은 뇌의 상태에 의존하는데 [이 두 사람의 경우에는] 말과 행동을 일으키는 두 개의 반구들이 전달하는 '정보'들의 상당량이 중첩되기 때문이다. 하지만 두 사람 모두 나는 아닐 것이다. 만일 그 두 사람이 나와 동일한 존재라면 그들은 서로 같은 사람이어야 할 것이다. (A와 B가 같고, B와 C가 같다면, A와 C도 같을 것이다.) 그러나 그들은 서로 같은 사람이 아니다. 그들은 지금 다른 경험을 가지며 다른 삶을 살아가고 있다. 이 문제에 관해서는 세 가지 가능성이 남게 된다. 내 우뇌를 가진 사람이 나이거나, 내 좌뇌를 가진 사람이 나이거나, 혹은 두 사람 모두 내가 아닌 것이다. 그러나 우리는 무엇이 맞는지 확신할 수 없다. 따라서 뇌와 신체의 물질적인 부분에서 일어난 사실에 대한 단순한 지식만으로는 사람에게 무슨 일이 일어났는지 설명할 수 없다.

물론 세 가지의 가능성 중에 어떤 것이 옳은지에 대한 문제는 [개개인의] 자의적인 해석에 달렸다고 주장할 수도 있다. 하지만 이러한 시도가 허용되어서는 안 된다. 이 지점에서 **중대한 사실적 문제** crucial factual issue가 대두된다. 예를 들어, 내가 어떤 미치광이 의사에게 붙잡혀서 뇌를 분할하는 수술을 받게 되었다고 상상해 보자. 그리고 (그를 믿을 수밖에 없는 상황에서) 그가 나에게 내 좌뇌로 만들어진 사람은 즐거운 인생을 누릴 것이고 내 우뇌로 만들어진 사람은 고통스러운 삶을 살게 될 것이라고 말했다고 가정해 보자. 내 미래의 삶이 행복할 것인지 아니면 매우 고통스러울 것인지, 혹은 애초에 내가 이 수술 후에 살아남을 수 있을지의 여부 등은 명백히 실제적인 질문이다. (특정한 철학적 신념에 매우 강하게 사로잡힌 사람만이 이를 부정할 것이다.) 하지만 내가 이식 수술을 앞두고 내 뇌에 [물리적으로] 무슨 일이 일어날지를 정확하게 알고 있다고 할지라도, 나는 여전히 나에게 [정신적으로] 무슨 일이 일어날 것인지에 대해서는 대답할 수 있는 입장이 아니다. 미래의 두 사람 모두 내가 아닐 수 있다. 만일 뇌간을 자르는 것이 본래의 사람을 단번에 영원히 파괴하는 것이라면, 설령 절단된 뇌간을 다시 복구하여 새로운 두 사람을 만든다고 하더라도 그들 모두 내가 아닐 수도 있다. 어쩌면 내 좌뇌를 가진 사람이 내가 될 수도 있고 혹은 내 우뇌를 가진 사람이 내가 될 수도 있다. 심지어 새로 만들어진 두 사람 중에 한 사람이 주장하기를 자신이 다른 상대보다 이전의 내 성격이나 기억 등을 더 많이 닮았다고 할 수 있지만, 그 사람 또한 내가 아닐 수도 있다. 혹은 내가 수술에서 살아남기는 했지만 수술로 인하여 성격이 바뀌고 내 기억의 대부분을 잃게 되었다고 가정해 보자. 그렇다면 수술 후에는 [지금의] 내 행동보다 그 다른 사람의 행동이 결과적으로 이전의 내 모습을 더 많이 닮을 수도 있는 것이다.

우리는 이 사고실험thought experiment을 숙고해 봄으로써 다음과 같은 점을 입증할 수 있다. 즉 내가 **나의 뇌**를 비롯하여 신체의 다른 물질적인 부분들에 **무슨 일이 일어나는지를 아무리 많이 안다고 하더라도** (신체의 각 부분들에 있는 모든 원자에 무슨 일이 일어나는지 정확하게 알 수 있다고 하더라도) **나에게 무슨 일이 일어나는지를 필연적으로 아는 것은 아니다.** 이로부터 나에게는 나의 뇌와 몸을 형성한 물질 이상의 필수적인 것, 곧 지속적으로 나의 뇌와 몸을 (나의 뇌와 몸으로) 인지할 수 있도록 연결시켜주는 비물질적인 부분이 반드시 존재해야 한다는 사실을 유추할 수 있다. 나는 이를 전통적인 명칭인 '영혼'soul으로 부르겠다. 나는 내 영혼이면서, 또한 내 영혼이 연결된 뇌와 몸이다. 일반적으로 내 영혼은 내 뇌와 보조를 맞추지만, (뇌가 분리되는 경우처럼) 특수한 상황에서는 영혼이 어떻게 움직이는지 알 수 없다.

조금 다른 예를 살펴보자. 내가 오늘날의 의학으로는 치료할 수 없는 뇌출혈로 인해 죽었는데, 나의 친척들이 내 시체를 곧장 캘리포니아에 있는 급속냉동고에 보관하였다. 그 후에 얼마 지나지 않아 지진이 발생하여서 냉동되었던 나의 뇌는 여러 조각으로 깨졌고, 심지어 그중 일부는 잃어버리게 되었다. 하지만 50년 뒤에 나의 자손들이 발전된 의학 기술로 조각난 나의 뇌를 모아서 해동시키고, 복구하고, 소실된 부분들은 다른 것으로 대체했다. 이제 그 시체는 살아있는 사람의 몸이 되어서 어느 정도 나와 비슷하게 행동하며 나의 과거에 대해서도 상당히 많은 것을 기억하는 것처럼 보인다. 그렇다면 나는 다시 살아난 것인가? 그럴 수도 있고 아닐 수도 있다. 이 지점에서 우리는 다시 진실을 마주하게 된다. 즉 나의 뇌에 관한 이야기를 우리가 아무리 많이 안다고 하더라도, 과연 내가 원했던 대로 뇌출혈에서 살아남은 것인가에 대하여 우리는 확신할 수 없다. 그러므로 나의 생존은 다른 무엇인가가 지속되는지의 여부에 달려 있다. 그것은 바로 내가 영혼이라고 부르는 것, 곧 이전의 내 몸에 연결되어 있었던 실재이다. 따라서 이 새로운 몸에 그 영혼이 연결되어 있어야만 그때에야 비로소 내가 살아났다고 할 수 있다. 또한 어떤 유형의 정신적인 삶이 그 뇌에 연결되었는지를 밝힌다고 해서 그것이 부가적인 진실extra truth이 되는 것은 아니라는 사실에 유의하라. 정신적 속성이나 다시 살아난 사람이 가지는 생각과 감정과 의도에 대한 진실도 부가적인 진실이 아니다. 오히려 내가 살아났는지 아닌지에 대한 **부가적인 진실**은 **그러한 속성들이 어디로부터, 즉 [몸과 영혼 중에] 어떤 실체에게서 드러나는가에 관한 것이다**. 모든 물질적 실체에 무슨 일이 일어났는지에 대한 지식만으로는 그것을 알 수 없기 때문에, 이는 곧 비물질적 실체에 대한 진실일 수밖에 없다. 나라는 존재의 물질적인 부분에 어떤 일이 발생하든지 혹은 어떤 수술을 받든지 간에 내가 나의 생각과 감정과 의도를 계속 가지고 있다면 나는 생존하고 있는 것이다. 따라서 나의 영혼이야말로 나의 본질적인 부분이다. 영혼의 생존이 곧 나의 생존이 되는 것이며, 나의 생각과 감정 등은 나의 영혼에 속한 것이기 때문에 나에게 속한 것이다. 영혼은 인간에게 본질적인 부분이다.

이원론은 오늘날 철학계에서 인기 있는 견해는 아니지만 나는 이러한 (전적으로 비신학적인 유형의) 논증의 강점을 취할 수밖에 없다. 만일 당신이 어떤 물리적 사건들이 다른 물리적 사건들로 이어진다는 말만 그저 되풀이한다면 당신은 이 세계의 역사에서 가장 중요한 사실을 놓치고 있는 셈이다. 사람들이 어떠한 생각과 감정을 가지는가는 지극히 중요하며, 마찬가지로 그러한 생각과 감정을 누가 가졌는가 역시 동등하게 중요하다. 왜냐하면 이것이 바로 한 사람을 다른 사람으로부터 구별하는 기준이 되기 때문이다.

위에서 살펴보았듯이 이제 우리는 일반적으로 이러한 질문들에 대한 답을 확실히 알고 있다. 나는 사람이 언제 의식을 가지게 되는지, 저 사람이 누구인지 등을 알게 하는 우리의 상식적인 판단력을 의심하고 싶지 않다. 우리가 신체를 관찰하다 보면 사람들은 보통 자신이 느끼고 있는 감정을 몸으로 표현한다는 것을 발견할 수 있다. 만일 아기가 바늘에 찔려서 소리를 지른다면, 이는 분명히 아기가 고통을 느꼈음을 뜻한다. 그러나 공장에서 사람과 유사한 형상으로 만들어진 유기체나 다른 행성에서 온 생명체가 바늘에 찔렸을 때 어떤 소리를 낸다면 그것이 고통 때문인지의 여부는 불분명하다. 그리고 특별한 뇌수술을 받지 않았다는 전제하에서 오늘 이 몸을 가진 사람이 어제 이 몸을 가진 사람과 동일한 행동양식을 공유한다면, 오늘 이 몸을 가진 사람은 어제 이 몸을 가진 사람과 동일한 사람이다. 그러나 굳이 먼 행성의 생명체까지 언급할 필요 없이, 만일 어떤 사람이 뇌에 대수술을 받았다면 우리가 수술 후에도 그 사람을 예전과 똑같은 사람으로 대할 것인지는 여전히 불확실한 문제다. 우리는 이러한 예들을 통하여 누군가 고통을 느끼는 것은 바늘에 찔리는 것과 별개의 사건이며, 이 사람이 저 사람과 동일한 사람이라는 것은 이 몸이 저 몸과 동일한 몸이라는 것과 (물론 후자의 사건이 전자의 사건을 따르는 것이 일반적이지만) 별개의 일이라는 것을 알 수 있다. **세계의 역사 전체는** 두뇌 활동과 더불어 **감정에 관한 이야기**뿐만 아니라, 신체 활동과 더불어 **인격**(인간의 본질적이며 비물질적 부분인 영혼)**에 관한 이야기도 제공해 준다.**

인간이 몸과 영혼 두 부분으로 구성되어 있다는 논의는 **정신적인 삶을 영위하는 모든 생명체들도 두 부분으로 구성되어 있다**는 것을 보여준다. 그렇다면 인간의 경우와 마찬가지로 침팬지나 고양이에게도 동일한 문제가 발생하게 된다. 만일 어떤 고양이가 뇌에 큰 수술을 받게 된다면, 그 고양이가 현재 겪고 있는 고통스러운 경험을 두려워하고 수술 후에 가지게 될 좋은 경험을 기대할 이유가 있는지 의문이 생길 것이다. 하지만 우리가 고양이의 뇌 속에 있는 분자에서 일어나는 모든 일을 안다고 하더라도 이에 대해 정확하게 답하는 것은 불가능하다. 따라서 우리는 반드시 고양이에게 있어서 필수적인 부분인 고양이의 영혼을 가정해야 하며, 그 영혼이 지속되는 것은 곧 그 고양이가 지속되는 것과 동일하게 여겨야 한다. 우리가 생각이나 감정이 없는 동물들을 살펴볼 때에는 이러한 질문이 제기되지 않는데, 왜냐하면 그러한 동물들의 경우에는 비물질적인 부분을 가정할 필요가 없기 때문이다. 확실히 인간의 영혼은 고등동물의 영혼과는 다른 능력들을 가지고 있다. (인간은 도덕이나 논리에 관한 사고를 할 수 있고, 방정식의 해를 구하는 것처럼 어떠한 목적을 형성할 수 있지만, 고등동물은 그렇게 하지 못한다.) 그렇지만 내가 여기서 주장하고자 하는 바는 생각과 감정이 있는 동물들은 비물질적인 영혼을 그들의 본질적인 부분으로 지니고 있다는 것이다.

내가 두뇌 활동이 정신적 사건을 일으키며 (이 경우, 정신적 사건은 영혼에 속할 것이다) 그 역逆도 성립한다는 것을 부정하지 않듯이, **뇌에서 일어나는 사건들이 영혼의 존재를 발생시키는 역할을 한다**는 것을 부정하고 싶지는 않다. 동물 진화의 특정한 단계에서 동물의 뇌가 매우 복잡해짐으로 인하여 뇌와 연결된 영혼이 존재하게 되었고, 그 뇌의 지속적인 발전과 작용이 영혼의 존재를 유지시켰다. 그리고 진화가 진행되면서 이와 비슷한 정도의 복잡성을 가진 동물들도 유사한 영혼을 가지게 되었다. 하나의 영혼과 하나의 뇌는 인과적으로 연결되었다. 이 특정한 뇌에서 일어난 활동이 특정한 영혼에서 활동을 일으켰고, 이 특정한 영혼에서 일어난 활동이 특정한 뇌에서 활동을 일으켰다. 이러한 사실은 곧 '이 뇌'와 '이 영혼'이 서로 연결되었다는 것을 의미한다.

그렇다면 진화의 어떤 단계에서 동물들이 처음으로 영혼을 가지게 되었고 정신적인 삶을 살기 시작했는가? 우리는 모른다. 하지만 그들의 행동을 지켜보면 포유류가 정신적인 삶을 살고 있다는 것은 매우 확실해 보인다. 나는 모든 척추동물이 정신적인 삶을 산다고 생각한다. 왜냐하면 우리가 알고 있듯이 모든 척추동물들은 정신적인 삶을 발생시키는 인간의 뇌와 유사한 뇌를 가지고 있으며, 그들의 행동 역시 그들이 감정과 믿음을 가진다고 보는 관점으로 가장 잘 설명되기 때문이다. 개와 새와 물고기는 모두 고통을 느낀다. 하지만 내 생각에 바이러스와 박테리아에게 정신적 삶이 있다고 여길 이유는 없으며, 이는 개미와 풍뎅이의 경우에도 마찬가지다. 이 생물들은 우리가 소유한 종류의 뇌를 가지고 있지 않기 때문에 우리는 그들의 행동을 설명하기 위해 그들의 감정과 믿음을 살펴볼 필요도 없다. 따라서 진화의 역사 가운데 어느 특정한 순간에 완전히 새로운 무언가가 나타났는데, 이것이 곧 의식이자 정신적인 삶이며, 이는 정신적 속성을 가진 영혼이라는 차원에서 분석되어야 한다는 결론이 나온다.

내가 보기에 수많은 철학자들과 과학자들은 진화의 역사에서 특정한 순간에 동물의 정신적 속성을 가진 영혼이 동물의 몸에 연결되어 존재하게 되었다는 것을 인정하지 않으려 한다. 부분적인 이유로는, 만약 그런 일이 실제로 일어났다면 그들은 어떻게 그런 일이 발생하게 되었는지를 전혀 설명하지 못하기 때문이다. 하지만 '무엇'이 어떻게 존재하게 되었는지를 설명할 수 없다고 해서, 그 '무엇'이 존재하지 않는다고 하는 것은 매우 비합리적인 주장이다. 우리는 명백한 사실을 받아들여야 하며, 만일 이를 설명할 수 없다면 우리는 우리가 전지하지 않다는 것을 겸손하게 인정해야 할 것이다. 나는 이어지는 단락에서 자연과학적 특성을 지닌 무생물적 설명 방식으로는 영혼의 발생과 정신적 삶을 설명하는 것이 불가능하지만, 유신론자들은 이를 설명할 수 있다는 점을 제시할 것이다.

과학적 설명의 부재

두뇌 활동이 정신적 사건을 일으키고, 정신적 사건이 두뇌 활동을 일으키기 때문에, 적어도 **과학자들은 인간에게서 발견되는 그러한 인과관계들에 관하여 긴 목록을 작성할 수 있을 것이다**. 그 목록에는 다음과 같은 내용들이 담겨 있을 것이다. 즉 어떤 종류의 두뇌 활동은 푸른색의 심상을 일으키고, 다른 종류의 두뇌 활동은 붉은색의 심상을 일으키며, 어떤 종류의 두뇌 활동은 36×2=72라는 믿음을 일으키고, 또 다른 종류의 두뇌 활동은 차를 마시고 싶다는 강한 욕구를 일으킬 것이다. 케이크를 먹고자 하는 목적과 케이크가 찬장에 있다는 믿음은 함께 작용하여 내가 찬장 쪽으로 걸어가게 만들 것이다. 이와 같은 예들은 수없이 많다. 또한 과학자들은 아마도 어떤 원시적인 뇌가 의식을, 즉 영혼을 발생하게 하는지를 파악할 수 있을 것이다. 내가 '아마도'라고 쓴 이유는, 이 땅에서 일반적인 유성 생식의 과정을 통해 태어난 동물이든지 다른 행성의 생명체이든지 혹은 공장에서 만든 기계이든지 간에, 어떤 다른 유기체가 의식이 있다는 것을 신뢰할 유일한 근거는 그 유기체의 행동과 뇌의 조직이 우리 인간과 유사하다는 점에서 도출되기 때문이다. 우리는 어떤 유기체가 의식이 있는지 없는지를 판단할 수 있는 독립적인 수단을 가지고 있지 않다. 예컨대 개구리와 인간 사이처럼 둘의 유사성이 강력하지 않다면 그 동물이 의식이 있는지 없는지의 여부는 매우 불분명하다. 그러나 우리가 유사성을 어떻게 확립할 것인지에 대한 어려움은 잠시 제쳐 두고, 우리에게 두뇌 활동과 정신적 사건 사이의 인과적 연결관계의 목록이 있다고 가정해 보자. 그리고 어떤 종류의 원시적인 뇌가 의식, 즉 영혼을 생겨나게 하여서 후속하는 두뇌 활동이 후속하는 정신적 사건을 일으키고, 다시 정신적 사건이 두뇌 활동을 일으키는지 그 목록을 가지고 있다고 가정해 보자.

다시 말해 [두뇌 활동과 정신적 사건 등과 같은] 현상들은 존재한다. 문제는 그것들을 설명하는 일이다. 왜 특정한 동물의 (아마도 초기 척추동물의) 뇌만큼 복잡하거나 혹은 그보다 더 복잡한 뇌가 형성되면 의식, 즉 정신적 상태를 가진 영혼이 발생하는가? 그리고 왜 두뇌 활동은 그 자체로 특정한 정신적 사건을 일으키는가? 왜 어떤 종류의 두뇌 활동은 푸른색의 심상을 일으키고 다른 종류의 두뇌 활동은 붉은색의 심상을 일으키는가? 그리고 그 반대의 경우는 왜 일어나지 않는가? 초콜릿을 먹을 때 우리로 하여금 파인애플 맛이 아닌 초콜릿 맛을 느끼게 하는 두뇌 활동은 왜 발생하는가? 이처럼 단순히 상관관계만을 나열해 주는 것은 마치 영어 문장들을 다른 외국어로 번역하면서 그 문장들이 정확한 번역인지를 증명해 줄 수 있는 문법책이나 단어사전을 참고하지 않는 것과 다름없다. 문법책이나 사전 없이 어떤 새로운 문장을 번역한다는 것은 어불성설이다.

우리가 이 현상들에 대해 무생물적 설명을 제공하기 위해서는 2장에서 설명한 기준들을 만족하는 **영혼–신체 이론이 필요하다**. 이 이론은 영혼을 발생시킬 수도 있고 발생시키지 않을 수도 있는 신경nerve이나 컴퓨터나 다른 물질적인 망network으로부터 비롯된 몇 가지 단순한 법칙들을 포함할 것이다. 어떤 두뇌 활동은 붉은색의 심상을, 어떤 두뇌 활동은 푸른색의 심상을 떠오르게 만든다. 또 어떤 두뇌 활동은 러시아가 넓은 나라라고 생각하게 만들고, 어떤 두뇌 활동은 모든 사람이 자신의 고유한 직업을 가진다고 생각하게 만든다. 이러한 예들은 계속 이어진다. 그리하여 이 이론은 우리로 하여금 새로운 종류의 두뇌 활동이 새로운 정신적 사건에 영향을 미치는지, 새로운 종류의 기계가 감정을 가지고 있는지 혹은 그렇지 않은지를 예측하게 한다.

역학 이론이 다양한 종류의 역학적 현상을 설명할 수 있는 이유는 역학 법칙이 동일한 종류의 사물, 즉 물질적 대상들과 그것들의 무게, 모양, 크기, 위치와 더불어 이 속성들의 변화까지 모두 다루기 때문이다. 물질적 대상은 각각의 속성을 측정하는 방식에 따라 서로 간에 (어떤 대상은 다른 대상보다 두 배의 질량을 가진다거나 혹은 그 대상보다 세 배가 더 길다거나 하는 등) 차이를 드러낸다. 속성들은 측정할 수 있기 때문에 우리는 수학 공식을 사용함으로써 모든 대상들에 대하여 두 가지 이상의 측정값과 관련된 일반적인 법칙을 알 수 있다. 예를 들어, 특정한 질량과 속도를 가진 대상이 다른 특정한 질량과 속도를 가진 대상과 충돌한다면 우리는 이러이러한 결과가 나올 것이라고 예상할 수 있다. 이것은 무수히 많은 다른 대상들에 대해서도 적용된다. 우리는 더 나아가 일반적인 공식, 즉 두 물체가 충돌했을 경우에 각 물체의 질량과 속도의 곱의 합은 [충돌 후에도] 항상 보존된다는 공식을 얻을 수 있다. 물론 이 공식은 질량이 그램이나 파운드와 같은 단위로 측정이 가능할 때에만 유효한 것이다. 속도의 경우도 이와 마찬가지이다.

이제 **영혼-신체 이론은 매우 다른 유형의 문제를 다루어야 한다**. 물질적 대상의 질량, 속도, 전기적 속성, 다른 물리적 속성들은 영혼에 속하는 생각과 감정의 정신적인(사적인) 속성들과는 전혀 다른 것이다. 물리적 속성은 측정할 수 있다. 그래서 두뇌 활동은 각 활동에 따라 포함되는 화학 요소들이 다르며 (따라서 각각의 측정 방식 또한 달라지며) 작용하는 속도와 전하의 방향도 서로 다르다. 하지만 생각들은 어떤 측정 가능한 기준으로 구별되지 않는다. 한 생각은 다른 생각보다 두 배의 의미를 지니지 않는다. 그러므로 **두뇌 활동의 속성들의 변화가 정신적 사건에 미치는 영향을 설명하는 일반적인 법칙은 존재할 수 없다**. 왜냐하면 전자는 측정하는 기준에 따라 다를 수 있지만 후자는 그렇지 않기 때문이다. 생각과 연관된 것은 다른 종류의 정신적 사건과도 연관된다. 가령 구운 쇠고기에 대한 욕망이 이전보다 두 배가 늘어난다고 해서 초콜릿에 대한 욕망이 사라지는 것은 아니다. (물론 어떤 것의 기저에 있는 원인은 다른 것의 원인보다 두 배가 될 수도 있지만 그 둘은 본래 같지 않다.) 따라서 두뇌 활동에서 어떤 변화가 욕망의 차이를 만들어 내는지를 설명하는 보편적인 원리는 존재할 수 없다. 다만 뇌에서 일어난 특정한 변화에 따라 욕망이 변화하고, 특정한 감각과 생각은 다른 특정한 감각이나 생각과 서로 다르다고 측정할 수 없기 때문에, 감각과 생각을 따로 구분한다거나 목적과 믿음을 따로 구분하는 것은 명백히 불가능하다. 그러므로 왜 어떤 두뇌 활동은 목적에서 비롯되었고, 다른 두뇌 활동은 믿음에서 비롯되었으며, 또 다른 두뇌 활동은 초콜릿의 맛[감각]에서 비롯되었는지를 설명하는 일반적인 법칙은 존재할 수 없다. 이는 물질적 대상과 영혼이 각각 지니고 있는 속성의 종류가 때때로 다르기 때문이기도 하지만, 더욱 분명한 것은 물질적 대상과 영혼 자체가 전적으로 다른 종류이기 때문이다. 영혼들은 서로 다르지 않다. 하지만 영혼은 수량이 많고 적음에 따라 만들어진 물질과는 다르다. 따라서 뇌의 복잡성이 증가하는 것과 영혼이 발생하는 것 사이의 연관성에 관한 일반적인 법칙은 존재할 수 없다. 신경계는 점점 더 복잡해질 수 있겠지만, 그 복잡성에 어떤 특정한 기준이 있어서 그에 미치지 못하면 영혼이 발생하지 않거나 혹은 조금만 웃돌면 영혼이 발생하게 되는 것은 아니다. 따라서 영혼을 소유한다는 것은 곧 전부全部이거나 전무全無인 문제이다. (영혼이 있는 생명체는 감정과 의식을 가지는 반면, 영혼이 없는 생명체는 감정도 의식도 가지지 않는다.) 이것은 측정할 수 없다. 그러므로 이러한 이유들로 인하여 영혼-뇌의 상관관계와 영혼-뇌 과학에 대한 설명은 가능하지 않으며, 다만 불가해한 인과적 연결들의 목록만을 제시할 수 있을 뿐이다.

그렇지만 과학은 언제나 새로운 발견으로 우리를 놀라게 하지 않았는가? **과학의 역사는 한 분야 전체를 완전히 다른 분야로 '환원'하는 시도**와, 외견적으로 매우 다른 분야들을 하나의 초과학super-science으로 '통합'하는 시도들로 채워져 있다. 열을 다루는 열역학은 물체의 입자들의 속도와 입자들 사이의 충돌을 다루는 통계 역학으로 환원되었고, 기체의 온도는 그 기체 분자의 평균 운동에너지라는 사실이 입증되었다. 광학은 전자기학으로 환원되었고, 빛은 전자기파인 것이 입증되었다. 그리고 독립된 과학이었던 전기학과 자기학은 하나로 통합되어 전자기학이라는 초과학을 형성했다. 그런데 만일 정신적 사건과 두뇌 활동을 함께 설명하는 초과학이 없다는 나의 주장이 옳다면, 어떻게 이러한 대통합이 성취될 수 있는가?

이 두 가지 경우에는 결정적인 차이가 존재한다. 외견상 질적으로 매우 다른 실체와 속성을 다루는 과학의 여러 분야들을 초과학으로 통합한 이전의 모든 사례들은, 이 실체들과 속성들 중 일부가 실제로 나타나는 현상과 다르다는 점을 입증함으로써 이루어졌다. 이 구별은 (즉각적으로 관찰할 수 없는) 근본적인 물질적 실체와 물리적 속성과, 이것들이 발생시키는 감각적 속성 사이에서 만들어진 것이다. 열역학은 초기에 열교환 법칙에 관한 학문이었다. 그리고 열은 당신이 대상에 접촉할 때 느끼는 사물에 내재된 속성이다. 당신은 대상에 접촉할 때 온도를 느끼며, 이는 대상에 내재되어 있는 속성으로 여겨진다. 뜨거운 대상에서 느껴지는 열은 실제로 입자들의 속도나 충돌과는 질적으로 다르다. [열역학이] 통계 역학으로 환원된 것은 열의 근본적인 원인(분자의 운동)과 그러한 분자의 운동으로 말미암아 발생된 감각을 구별하였기 때문이다. 즉 전자는 온도가 무엇인가에 관한 것이며, 후자는 우리와 같은 관찰자에게 미치는 온도의 영향이 무엇인가에 관한 것이다. 이러한 설명이 확립되었기 때문에 온도는 자연스럽게 통계 역학의 범위 안에서 다루어지게 되었다. 또한 [열역학의] 분자들은 [통계 역학의] 입자들이므로 실체와 속성이 더 이상 다른 종류가 아니라는 것이 드러났다. 이제 두 과학 분야가 동일한 (측정할 수 있는) 종류의 실체와 속성을 다루기 때문에 한 분야가 다른 분야로 환원되는 것이 실제로 가능하게 되었다. 하지만 이 환원은 느껴진 열을 그 원인으로부터 분리하는 대가로 얻어진 것이며, 따라서 단지 그 [열의] 원인만을 설명할 수 있게 되었다.

한 과학 분야를 다른 과학 분야로 '환원'하는 것과 외견적으로 매우 다른 속성들을 다루는 독립된 과학 분야들을 '통합'하는 것은 양자 모두 물리적 세계에 속한 과학 분야들이 다루는 (색, 열, 소리, 맛 등의 '이차 성질'과 같은) 외견적인 속성들을 부정하는 방법에 의해서 이루어졌다. 결국 이러한 방식은 속성들을 정신적 세계에서 분리시키기 때문에 당신은 정신적 사건 그 자체의 문제를 접하게 될 때 이를 설명할 수 없게 되었다. 만약 당신이 정신적 사건 자체를 설명하고자 한다면, 당신은 정신적 사건과 그것의 근본적인 원인을 구별할 수 없으며, 오직 후자[정신적 사건의 원인]만을 설명할 수 있을 것이다. 실제로 물리적 세계에서 색, 냄새, 맛 등을 분리시키고, 그것들을 순수하게 사적인private 감각 현상으로만 여겨야 하는 대가를 치렀기 때문에 물리화학이라는 분과가 매우 성공적으로 통합될 수 있었다. **과학사의 증거가 보여주는**

것은 과학 분과의 통합을 이루기 위해서는 정신적인 부분을 배제해야 한다는 사실이다. 물리적 세계는 (물질적 대상은 동일한 힘과 성향을 가진다는) 단순한 법칙들에 의해 통제되며, 이러한 법칙들을 발견하는 방법은 정신적인 것을 무시하는 것이다. 과학계에서 물리학과 화학의 거대한 통합이 성공적으로 이루어졌다는 사실은 곧 정신적 세계와 물리적 세계가 최종적으로 통합될 수 있을 것이라는 가능성이 명백하게 제거됨을 의미한다.

우리가 4장에서 보았듯이 자연선택이라는 개념으로 대표되는 다윈의 진화론은 비록 내가 완전한 설명complete explanation이나 궁극적 설명ultimate explanation이 될 수 없다고 주장하기는 했지만, 인간과 동물의 신체의 진화에 관한 충분한 설명full explanation을 제공해 줄 수는 있다. 하지만 **다윈식의 설명은 무생물인 로봇의 진화에 관해서도 이와 동일하게 설명할 수 있을 것이다**. 그렇다면 다윈주의는 몸이 어떻게 의식, 곧 영혼과 연결되는지에 관하여는 우리에게 무엇인가를 말해 줄 수 있는가? 자연선택은 제거에 대한 이론이다. 이 이론은 진화에 의해 생겨난 수많은 변이체variant들이 왜 도태되었는지를 설명한다. 그들은 살아남기에 적합하지 않았기 때문이다. 하지만 다윈의 이론은 그 변이체들이 애초에 왜 생겨났는지를 설명하지 않는다. (기린의 목 길이와 같은) 신체적인 변이의 경우에는 의심할 바 없이 (무작위적인 화학적 변화인) 돌연변이mutation라는 용어로 적절하게 설명할 수 있다. 돌연변이는 기본적인 화학법칙을 따라 나타날 수 있는 새로운 변이체를 발생시키는 속성을 가진 새로운 유전자를 생산하기 때문이다. 하지만 우리의 문제는 왜 특정한 물리적 상태가 믿음, 욕망, 목적, 생각, 느낌과 같은 정신적 속성을 가진 영혼을 출현시켰는지에 대한 이유를 설명하는 것이다. 다윈주의는 이 문제를 해결함에 있어서 아무런 소용이 없다.

하지만 다윈의 이론은 다른 문제를 해결하는 데에는 도움이 될 수 있으며, 확실히 부차적인 문제에 대해서는 매우 유용하다. 그렇지만 이 문제들이 본래의 문제와 혼동되어서는 안 된다. 이 부가적인 문제들 중에서 우선되는 문제는 진화의 역사 가운데 처음으로 등장했음에도 불구하고 의식을 지닌 동물이 어떻게 살아남게 되었는가 하는 문제이다. 다윈의 이론은 환경에 [무의식적으로] 반응하도록 설계된 의식이 없는 유기체들보다 의식이 있는 유기체들이 아마도 생존에 더 유리했다는 점을 보여줄 수 있을 것이다. 그 유리한 점이 무엇인지는 알기 어렵겠지만 실제로 그러한 우위가 있었을 것이라고 여겨진다.

두 번째 부가적 문제는 내가 보아도 다윈주의가 상당히 분명하고 명백한 답을 내릴 수 있는 문제이다. 이 문제는 다음과 같다. 정신과 뇌의 연결이 실재하고 정신적인 삶을 사는 유기체가 생존 경쟁에서 훨씬 유리하다면, 정신적 사건을 발생시키기도 하고 반대로 정신적 사건에 의해 발생되기도 하는 두뇌 활동이 왜 신체적 활동이나 신체 외적인 활동과 결합되는 것인가? 믿음을 예로 들어보자. 두뇌 활동은 책상이 존재한다는 믿음을 일으킨다. 책상에서 반사된 빛이 내 눈에 책상의 심상을 형성하고, 다시 이 심상이 시각 신경을 따라 신경을 자극하여 이 두뇌 활동을 일으킨 것이다. 그러나 외부세계로부터 전혀 다른 사건을 접한 동물의 경우에는 두뇌 활동이 책상에 대한 믿음을 [우리와는] 다른 방식으로 산출하도록 진화했을 수도 있다. 뇌와 외부세계 사이에는 왜 이처럼 특수한 연관성이 있는가? 답은 명백하다. 동물들이 가진 믿음이 대체로 사실이라면 믿음을 가진 동물이 살아남을 가능성이 더 높기 때문이다. 어떤 동물이 먹이의 위치나 천적의 위치에 대하여 잘못된 믿음을 가진다면, 얼마 지나지 않아 먹이를 얻지 못하거나 천적에게 공격을 받음으로써 개체수가 급격히 감소할 것이다. 만일 [당신 앞에] 책상이 존재하는데도 불구하고 책상이 존재하지 않는다고 믿는다면, 당신은 책상에 걸려 넘어질 것이다. 이러한 예들은 무궁무진하다. 외부세계와 연쇄적인 인과관계로 연결된 뇌의 상태는 우리로 하여금 믿음을 가지게 한다. 이러한 인과연쇄casual chain는 일반적으로 두뇌의 상태를 자극시키는 사태가 발생했을 때에만 활성화가 되며, 자극된 뇌는 다시 그 사태에 대한 믿음을 형성한다. 따라서 평상시에 세계에 대하여 참된 믿음을 소유하는 사람들은 결과적으로 생존할 확률이 높아진다. 이와 마찬가지로 내가 두뇌 활동에 의해 야기된 욕망을 가진다면, 이는 특정한 상황에서 그 욕망을 가지는 것이 다른 상황에서 그 욕망을 가지는 것보다 진화에 더 유리하기 때문일 것이다. 예컨대 나는 배부를 때가 아니라 배고플 때에 음식에 대한 욕구를 가진다. 또한 [몸을 움직이려는] 목적에 의해 야기된 두뇌 활동이 어떻게 몸을 의도적으로 움직이게 하는지에 관해서도 동일한 설명이 주어질 수 있다. 만약 내가 발을 움직이려고 했는데 손이 대신 움직인다면, 천적은 곧바로 나를 덮칠 것이다. 이 설명은 (두뇌 활동이 정신적 사건을 일으킨다고 가정했을 때) 뇌가 왜 지금과 같은 방식으로 신경을 통해 몸의 다른 부분들과 연결되어 있는지에 대하여 정확한 답을 제시해 줄 수 있다. 하지만 이러한 설명은 이와 전혀 다른 문제, 곧 두뇌 활동이 왜 정신적 사건을 일으키는지에 대해서는 설명하지 않는다. 그리고 마찬가지로 왜 정신적 사건이 두뇌 활동을 일으켰는지도 설명할 수 없다.

그러므로 요약하자면 (특정한 정신적 사건을 경험할 수 있는 영혼을 지닌) 동물의 정신적인 삶의 진화에는 다음과 같은 특징들이 포함된다.

(a) 특정한 신체적-정신적 연결, (특정한 신체적 활동이 정신적 속성을 지닌 영혼을 존재하게 하며, 그 역도 가능하다.)

(b) 생존을 위한 투쟁에서 우위를 점하게 해주는 영혼의 존재를 발생시키는 뇌를 가진 동물,

(c) 뇌가 특정한 방식으로 몸에 '결합된' 동물들을 선택하는 진화.

다윈의 방법은 (c)를 설명할 수 있고, 아마 (b)까지도 설명할 수 있을 것이다. 하지만 다윈주의나 혹은 다른 과학들도 (a)를 설명할 가능성은 매우 희박하다. 동물들의 가장 참신하고 놀라운 특징들(감정과 선택과 이성을 가진 의식적인 삶)은 확실히 과학의 영역 너머에 놓여 있는 것으로 보인다.

영혼과 뇌 사이의 이러한 인과적인 연결은 과학이 설명할 수 있는 물질적 대상의 힘과 성향에서 비롯된 것으로 보이지 않는다. 특정한 종류의 두뇌 활동과 특정한 종류의 정신적 사건은 인과적으로 연결되어 있다. 마찬가지로 두뇌 활동과 영혼의 존재 자체도 인과적으로 연결되어 있다.

하지만 나는 이제 후자의 주장까지도 검증해야만 한다. **태아의 뇌**가 특정한 발달 단계에 이르면 그 뇌와 연결된 영혼을 발생시키듯

이, 특정한 원시적 뇌의 상태가 영혼의 존재를 발생시키는 것일 수도 있다. 하지만 원시적인 뇌는 **어떤 영혼이 그 뇌와 연결될 것인가에 관한 결정을 발생시킬 수는 없다**. 나의 영혼이 당신의 뇌가 아닌 나의 뇌에 연결되고, 당신의 영혼이 나의 뇌가 아닌 당신의 뇌에 연결되는 현상은, 유전자로부터 발생한 태아의 뇌 분자에 의한 것일 수 없다. 심지어 과학이 당신과 나의 뇌가 지금 각자의 영혼이 아닌 서로의 영혼과 연결되었어야 한다고 밝힐 수도 있겠지만, 그러한 경우에든지 혹은 지금처럼 당신과 나의 뇌가 각자의 영혼과 연결된 경우에든지 (뇌 조직과 영혼의 존재가 연결되는) 규칙들은 모두 동등한 정도로 양립될 수 있다. 다만 중요한 것은 왜 [뇌와 영혼이] 그렇게 연결되기보다는 이렇게 연결되었는지를 설명할 수 있는 과학적 발견이 없다는 사실이다. [뇌와 영혼의] 연결이 한번 이루어지면 우리는 특정한 뇌에 적응하기 시작한다. 만일 나의 영혼이 남성의 뇌에 연결되면 나는 남성적인 생각을 하게 된다. 하지만 그것은 '나'라고 하는 형성되지 않은 인격이 왜 여성의 뇌가 아니라 남성의 뇌에 맞추어지게 되었는지에 대한 의문과는 전혀 상관이 없다. 과학은 바로 이 지점에서 멈추게 된다.

유신론적 설명

하지만 **유신론은 이러한 사안들에 대한 설명을 제공할 수 있다**. 전능한 신은 영혼과 신체를 결합시킬 수 있다. 신은 특정한 두뇌 활동과 정신적 사건이 서로 연결되도록 만들 수 있다. 이러한 행위는 신이 인간의 뇌를 형성할 때 분자들로 하여금 그 뇌와 연결된 영혼 안에서 정신적 사건을 산출할 수 있는 힘과, 그렇게 [뇌와] 연결된 영혼이 가지는 목적을 수행하는 성향을 (즉, 화학적으로 분석할 수 있는 일반적인 힘에서 파생되지 않는 새로운 힘과 성향을) 가지도록 만듦으로써 가능하다. 그리고 신은 먼저 영혼을 만든 후에, 태아의 두뇌 활동이 뇌와 연결될 영혼을 필요로 하는 시점에 각 영혼이 어떤 뇌와 (그리고 신체와) 연결되게 할 것인지 선택한다.

신은 영혼을 존재하게 하고 그 영혼을 몸과 결합하게 만들 충분한 이유가 있다. 왜냐하면 몸을 가지는 동물과 인간에게는 즐거운 감각을 누리고 욕망을 충족시키며, 세상이 어떤지에 대한 믿음을 가지고, 이러한 믿음들을 고려함으로써 세상에 영향을 미치고자 하는 자신의 목적을 형성할 수 있는 등의 이로움이 있기 때문이다. 이러한 신의 행위에는 정신적 사건과 두뇌 활동 사이의 규칙적인 인과적 연결도 포함된다. 만일 뇌에 어떤 다른 영향이 주어져서 우리가 다리를 움직이려고 할 때마다 한 번은 팔이 움직인다든지 한 번은 재채기가 나온다든지 하는 현상이 계속해서 반복된다면 우리는 세상에 영향력을 행사할 수가 없다. 이와 마찬가지로, 만일 우리가 한 대상과 다른 대상을 구별하려면 그 대상들은 (느낌 등이) 다르게 보여야만 하며, 그럼으로써 각각의 대상에 의해 야기된 두뇌 활동과 그 대상들에 대한 정신적인 시각적 인상들 사이에 규칙적인 인과적 연결이 존재해야만 한다. 그리고 만일 우리가 생식이라는 놀라운 힘을 가지려면, 우리의 성적 행위와 그 행위로 말미암아 발생하는 태아와 그리고 그 태아에 연결된 특정한 영혼 사이에는 반드시 규칙적인 연관성이 있어야 한다. 신은 이러한 모든 연결을 설정할 타당한 이유가 있다. 그는 또한 이 영혼을 이 특정한 신체에 결합시킬 이유도 가진다. 그러나 만일 한 영혼을 다른 신체가 아닌 특정한 신체에 결합시킬 이유가 없다면, 신은 '정신적 동전 던지기'mental toss-up를 함으로써 이 영혼을 특정한 신체에 연결시킬지 혹은 다른 신체에 연결시킬지를 우연에 맡길 수도 있다.

전선한 신은 쥐나 개와 같이 좁은 범위의 목적과 믿음을 가진 피조물을 포함하여 다양한 자연의 피조물을 사랑할 것이다. 그러나 신이 인간을 창조한 특별한 이유가 있다. **인간은 그들이 지니고 있는 믿음과 목적에 있어서 다른 고등동물과는 다르다**. 우리 인간은 도덕적 신념과 우리 존재의 기원에 대한 믿음과 기본적인 수학 이론들을 가지고 있다. 우리는 이를 통해 다른 것을 추론할 수 있으며, 우리의 믿음은 의식적으로 다른 믿음에 기반을 두고 있다. (우리는 치체스터에서 발견된 특정한 유물을 신뢰하기 때문에 로마인들에 대한 특정한 믿음을 가지게 된다.) 우리는 단순히 음식이나 음료를 얻는 것처럼 즉각적인 목적만을 가지는 것이 아니라, 복잡한 기계를 만들고 아름다운 건물을 지으며 우리 자신과 서로를 변화시켜 우리의 성격을 형성하기 위한 [지속적인] 목적도 가진다. 따라서 우리에게는 자연적으로 이런 종류의 행동은 하고 저런 종류의 행동은 하지 않는 경향이 있다.

1장에서 언급했듯이 **나는 인간이 자유의지를 가진다고 믿는다**. 즉 우리의 목적은 우리의 두뇌 상태나 다른 어떤 것에 의해 완전히 결정되지 않는다. 우리의 선택은 우리가 어떤 선택을 내리는가에 달려 있는 것처럼 보인다. 나는 이 단계에서 독자들이 제기할 반대에 대해 간략하게 언급하겠다. 뇌는 일반적인 과학법칙이 작용하는 평범한 물질적 대상이 아닌 것인가? 그렇다면 어떻게 인간은 과학법칙을 위반하지 않으면서 자유롭게 팔을 움직이거나 움직이지 않도록 선택할 수 있으며 공적인 행동을 수행할 수 있는가? 인간이 자신의 팔을 움직이거나 어떤 일을 수행하는 것은 (비의도적인) 두뇌 활동에 의해 발생하며, 이로 말미암아 의도적으로 공적인 행동을 드러내게 된다. 따라서 만일 인간에게 자유의지가 있다면 뇌 속에서 작용하는 일반적인 과학법칙을 막을 수도 있지 않는가? 이에 대한 **한 가지 답**은 매우 명백하다. 즉 뇌는 평범한 물질적 대상과는 다르게 영혼과 그 영혼의 정신적인 삶을 발생시키기 때문에 **뇌는 평범한 물질적 대상이 아니라는 것이다**. 그러므로 우리는 뇌가 평범한 물질적 대상에 관련된 일반적인 물리법칙에 의해 전적으로 통제될 것이라고 확신할 수 없다. 그러나 **두 번째 대답**은 뇌가 다른 물질적 대상을 지배하는 법칙과 동일한 법칙에 의해 지배된다고 하더라도, 그것은 여전히 자유의지를 가진 인간과 양립할 수 있다는 것이다. 왜냐하면 현대 물리학의 두 가지 위대한 이론 중 하나인 **양자론**quantum theory이 미시적인 물리 세계는 완전히 결정론적이지 않다는 것을 입증하기 때문이다. 불확정성의 요소는 원자의 행동을 지배하며, 심지어 원자보다 더 작은 전자, 양성자, 광자, 그리고 원자를 구성하는 다른 기본 입자들까지 지배한다. 만일 양자론이 참되다면, 이 불확정성은 단순히 결과를 예측하는 인간의 능력을 제한할 뿐만 아니라, 물질적 대상이 정확하게 효력을 발휘할 수 있는 범위와 더불어 물리적 세계를 결정론적으로 해석할 수 있는 범위까지 제한한다. 비록 전자나 광자가 어떤 특정한 방식보다는 다른 특정한 방식을 따라 움직일 가능성이 높다고 주장할 수는 있겠지만, 우리는 그것들이 정확히 어떻게 움직일 것인지 예측할 수 없다. 마찬가지로 한 종류의 원자도 종종 '붕괴'를 일으키며 다른 종류의 원자로 변한다. 양자론이 우리에게 말해 줄 수 있는 것은 원자의 움직임에 대한 개연성뿐이다. 예를 들어, 양자론은 라듐 원자가 정확히 언제 붕괴할 것인지가 아니라 주어진 시간 내에 붕괴할 확률이 얼마나 되는지를 알려준다. 물론 원자 수준에서의 이러한 불확정성은 보통 더 큰 규모의 사건에서 불확정성을 발생시키지는 않지만, [이론적으로는] 때때로 발생시킬 수도 있다. 우리는 어떤 원자가 특정한 시간 이내에 붕괴한다면 핵폭탄이 폭발하는 것을 보장하는 기계를 만들 수 있다. 하지만 그 원자가 주어진 시간 내에 붕괴하지 않는다면 폭발은 일어날 수 없다. 그렇다면 우리는 폭탄이 폭발할지 혹은 폭발하지 않을지 예측할 수 없을 것이다. 뇌는 작은 변화도 확대시켜 주는 복잡한 기계이며, 뇌에서 예측하지 못한 작은 변화가 우리의 생각과 관찰할 수 있는 행동을 일으킬 수도 있다. 인간은 어떠한 생각을 하거나 이러저러한 방식으로 행동하기 위해 목적을 세울 때, 과학적으로 예측할 수 없는 작은 변화들을 일으킴으로써 자신의 생각과 행위를 발생시킨다. 인간은 이런 방식으로 뇌를 지배하는 물리법칙을 위반하지 않고서도 자유의지를 행할 수 있다. 이 두 대답은 인간의 자유로운 선택과 관련해서 사물이 보이는 그대로가 아니라는 물리학의 가정을 수용할 이유가 없다는 것을 보여준다.

그러므로 우리 인간은 세상에 대해 진실되고 깊은 믿음을 얻으며, 우리의 거시적인 환경뿐 아니라 우리 자신까지도 여러 복합적인 방식으로 형성해 나갈 수 있는 엄청난 가능성을 지니고 있다. 수많은 다양한 방식 가운데 우리는 선과 악 사이에서 선택할 수도 있으며, 우리의 선택은 큰 차이를 만들어 낸다. 자비로운 신은 그런 존재들을 창조할 이유가 있다.

이번 장에서 전개된 논증은 영혼의 존재와 그 영혼이 신체와 연결되는 방식은 자연법칙에 의해 체계화된 물리적 과정에 기인하는 것이 아니라는 점을 시사한다. 어떤 새로운 힘이 태아의 뇌에 주어졌고, 뇌와 결합된 영혼에게도 주어졌으며, 이 힘은 과학적으로 설명할 수 없는 것이다. 이전 장에서 논의된 현상들을 우리가 상당한 개연성을 가지고 예상할 수 있도록 만든 단순한 가정인 '신의 존재'는 [이번 장의] 이러한 현상들 역시 우리로 하여금 예상할 수 있게 한다. 그러므로 이 현상들은 모두 신의 존재에 대한 추가적인 증거를 구성한다. 비록 뇌의 힘과 그 힘을 발휘하는 뇌의 성향은 내가 눈으로부터 특정한 신경자극을 받았을 때 푸른색의 심상을 가지는 것에 대한 충분한 설명을 제공하지만, 그러한 능력은 신에 의해 창조되고 보존되며, 따라서 신의 행동은 푸른색의 심상이 발생한 것에 대한 궁극적 설명ultimate explanation을 제공한다. 신의 행동은 또한 이 신체에 결합된 영혼의 존재에 대해서도 (그리고 그 영혼이 당신의 영혼이 되기보다는 내 영혼이 되는 것에 대해서도) 궁극적 설명을 제공한다. 기독교의 (보편적이지는 않지만) 공통된 교리에 따르면 신은 이 세계의 많은 일들을 '이차적 원인'(즉, 자연적 과정)을 통해 운영하지만, 인간의 영혼을 창조하고 그 영혼을 신체에 결합시키는 일은 신의 직접적인 개입으로 이루어진다. 더 나아가 나는 고등동물의 영혼에 대해서도 동일한 사실이 적용된다는 것을 제시하였다.

6 장

신은 왜 악을 허용하는가

우리 인간이 자기 자신을 비롯하여 이 세계와 그 안에 살고 있는 다른 사람들의 운명에 큰 영향을 미칠 수 있다는 점에서 이 세상은 명백히 섭리적인 세계이다. 세상이 섭리적이라는 사실은 우리에게 매우 유익하다. 그러나 동물과 인간은 (자연적 과정인 질병과 사고를 통하여) 고통을 당하며 (서로 다치게 하고 불구로 만들며 굶주리게 하여) 서로에게 고통을 준다. 다시 말하자면 세계는 많은 악을 포함하고 있다. 전능한 신은 이 악을 예방할 수 있었을 것이며, 전선하고 전능한 신은 분명히 그렇게 했을 것이다. 그렇다면 왜 악이 존재하는가? 악의 존재는 신의 존재에 대한 강력한 반증이 아닌가? 신이 왜 그러한 악이 발생하는 것을 허용하는지를 설명하는 신정론theodicy을 정립하지 못한다면 그러한 반증은 유효할 것이다. 하지만 나는 신정론을 정립할 수 있다고 생각하며, 따라서 **이 장에서는 신정론의 윤곽을 그려내고자 한다**. 이번 장에서 신이 이렇게 혹은 저렇게 행했을 것이라고 하는 표현을 사용할 때 나는 신의 존재를 당연하게 받아들이는 것이 아님을 강조한다. 나는 단지 1장에서처럼 만약 신이 존재한다면, 어떤 악들의 발생을 허용하는 것을 포함하여 신이 어떤 일들을 행할 것이라고 예상되는 바를 서술하려고 한다. 그렇게 함으로써 나는 악의 발생이 신의 존재에 대한 반증이 아니라는 점을 주장하고자 한다.

나 자신이나 다른 어떤 이가 신정론을 정립하려고 할지라도 그 모든 시도는 냉담하게 들릴 수밖에 없으며, 실제로 신정론은 인간의 고통에 전적으로 무감각하다. 그래서 무신론자들과 마찬가지로 많은 유신론자들도 신정론을 정립하고자 하는 모든 시도들이 고통에 대해 비도덕적인 접근을 하고 있다고 여긴다. 그렇지만 나는 인간의 고통에 결코 둔감하지 않으며, 다른 사람들 못지않게 음독飮毒, 아동학대, 가족과의 사별, 독방수감, 그리고 결혼생활에서의 불륜에 대해 극도의 고통을 느낀다는 사실을 독자들이 믿어주기 바란다. 나는 목사들이 갑작스러운 고통으로 최악의 상황을 맞이한 성도들에게 이 장을 보여주면서 읽고 위안을 얻으라고 권하지 않기를 진심으로 바란다. 하지만 이 장을 추천하지 않는 이유는 이 장의 논점에 오류가 있어서가 아니라, 깊은 절망 가운데 있는 사람들에게는 논증이 아니라 위로가 필요하기 때문이다. 물론 신이 왜 악을 허용하는지에 대한 문제는 여전히 남아 있다. 만일 유신론자가 (평정한 상태에서) 이에 대한 만족스러운 답변을 하지 못한다면, 신에 대한 그의 믿음은 충분히 이성적이지 못할 것이며, 무신론자는 그의 주장에 동의할 이유가 없을 것이다. 이 장의 논증을 이해하기 위해서 우리는 각자 자신의 삶의 특정한 상황과 (모두에게 이 세상에서 가장 소중하다고 여겨지는) 가까운 가족들과 친구들의 삶에서 한발 물러나 다음과 같은 매우 일반적인 질문을 던질 필요가 있다. "자비롭고 영원한 신은 지상에서 짧은 생애를 살아가는 인간에게 어떤 좋은 것을 베풀어 주겠는가?" 물론 짜릿한 기쁨과 충분한 만족감을 누리는 것은 좋은 것이며, 더 좋은 다른 것이 없다면 신은 그러한 것들을 풍부하게 제공해 주려고 할 것이다. 하지만 자비로운 신은 그보다 더 깊은 차원의 것들을 우리에게 주고자 한다. 신은 우리 자신에 대한, 서로에 대한 그리고 이 세계에 대한 큰 책임을 부여하고, 이를 통해 신 자신의 고유한 창조적 활동, 곧 이 세상을 어떠한 세상으로 만들어 나갈지를 결정하는 활동에 우리가 참여할 수 있도록 한다. 그리고 신은 우리의 삶을 가치 있게, 또한 우리 자신과 서로에게 큰 유익을 줄 수 있게 만들고자 한다. 그런데 문제는 **신이 악을 허용하지 않고서는 우리에게 이러한 좋은 것들을 온전히 줄 수가 없다**는 점이다.

악의 문제는 다양한 좋은 상태의 결핍과는 다른 문제이다. 1장에서 언급한 바와 같이, 신은 아무리 많은 선을 창조해도 더 창조할 여력이 있다. 일반적으로 신은 창조에 대한 어떠한 의무도 없다. 이것이 바로 죽음이 그 자체로는 악이 아닌 이유이다. 죽음은 단지 삶이라는 좋은 상태의 끝일 뿐이다. (그리고 신은 어떤 방식으로든지, 예컨대 죽음 이후의 삶을 허락함으로써 우리에게 생명을 더 베풀 수도 있다.) 때 이른 죽음이나 다른 사람들에게 큰 슬픔을 주는 죽음은 악이라고 볼 수 있지만, 죽음 그 자체는 악이 아닌 것이다. 하지만 명백히 악한 상태들은 많이 있으며 신은 원하기만 한다면 이 악들을 제거할 수 있다. 나는 이들을 도덕적 악과 자연적 악으로 나눈다. '**자연적 악**'natural evil이란 인간이 고의적으로 일으킨 것이 아니며 또한 인간의 부주의로 인하여 발생한 것이 아닌 모든 악이라고 이해된다. 자연적 악은 인간과 동물이 겪는 신체적 고통과 정신적 고통을 모두 포함한다. 질병과 자연재해, 그리고 인간에 의한 예측 불가능한 사고들로 말미암은 고통의 흔적들이 결과적으로 자연적 악을 초래한다. '**도덕적 악**'moral evil이란 인간이 하지 말아야 하는 일을 함으로써 고의적으로 야기된 (또는 인간이 해야 할 일을 태만히 하여 발생하게 된) 악과 더불어 그러한 고의적인 행동이나 부주의한 실수로 인하여 구성된 악을 모두 포함한다고 이해된다. 이 도덕적 악에는 나쁜 부모가 자녀에게 가한 폭행으로 발생한 감각적 고통, 사랑하는 자녀를 잃게 된 부모의 정신적 고통, 미리 방지할 수 있었음에도 정부가 부주의하게 방치하여 발생한 아프리카의 기아, 그리고 부모나 정치인이 의도적으로 가하는 고통이라든지 굶주림을 예방하려는 노력을 하지 않는 것 등이 포함된다.

도덕적 악

나는 모든 신정론의 핵심은 도덕적 악을 다루는 것에서 시작하지만 결국에는 자연적 악을 다루는 것까지 확장되는 '자유의지 방어'가 되어야 한다고 생각한다. **자유의지 방어**free-will defence는 자유롭고 책임 있는 선택이라고 불리는 특정한 유형의 자유의지가 인간에게 있다는 것은 대단히 좋은 것이며, 만일 그러한 자유의지가 있다면 도덕적 악이 발생할 수 있는 자연적 가능성이 필연적으로 존재하게 된다고 주장한다. (여기서 '자연적 가능성'이란 악이 발생할지의 여부가 미리 정해져 있지 않음을 의미한다.) 인간에게 그러한 자유의지를 허락하는 신은 필연적으로 그 가능성을 야기하게 되며, 악의 발생 여부를 자신의 고유한 통제 밖에 둔다. 신이 우리에게 그러한 자유의지를 주면서 우리가 항상 올바른 방식으로 그것을 사용하도록 보장한다고 가정하는 것은 자기모순이며, 따라서 논리적으로 불가능하다.

'자유롭고 책임 있는 선택'은 어떤 선행 요인들에 의해 인과관계가 필연적으로 정해져 있는 여러 대안적 행동들 중 하나를 선택할 수 있다는 좁은 의미의 자유의지가 아니다. 나는 이전 장에서 도출된 여러 근거들을 바탕으로 인간이 그러한 [넓은 의미의] 자유의지를 가졌다고 강조했다. 인간은 동등한 정도로 유익하고 동등한 정도로 사소한 두 가지 대안 사이에서 자유롭게 한 가지를 선택할 수 있다는 사실만으로도 그러한 유형의 자유의지를 가질 수 있었다. 그러나 자유롭고 책임 있는 선택은 오히려 선과 악 사이에서 중요한 결정을 내리는 (앞서 논의한 유형의) 자유의지인데, 이는 행위자와 타인들과 이 세계에 큰 영향력을 행사한다.

우리에게 자유의지가 있다는 사실을 고려해 볼 때, 분명히 우리는 자유롭고 책임 있는 결정을 내릴 수 있다. 인간이 자기 자신과 다른 사람들과 이 세상에 미칠 수 있는 영향력을 상기해 보자. 인간은 자신을 비롯하여 다른 사람들에게 유쾌한 기분을 선사하고 가치 있는 행동을 추구할 기회가 있다. 즉 테니스를 치고 피아노를 연주하고 역사와 과학과 철학에 대한 지식을 얻고 다른 사람들도 이런 행위들을 할 수 있게 도우면서, 그러한 즐거운 감정과 활동을 통해 그들과 깊은 인격적 관계를 맺는다. 그리고 **인간은 자신의 인격을 스스로 형성할 수 있도록 만들어졌다.** 아리스토텔레스는 다음과 같은 명언을 남겼다. "우리는 의로운 행동을 함으로써 의로워지고, 신중한 행동을 함으로써 신중해지고, 용감한 행동을 함으로써 용감해진다." 다시 말해, (욕망으로 이해되는) 우리의 자연적 성향으로 인하여 의로운 행동을 하기 어려울지라도 한 번 의로운 행동을 하기 시작하면 다음에는 더 수월하게 의로운 행동을 할 수 있다는 것이다. 우리는 우리의 욕망을 점진적으로 변화시킬 수 있기 때문에 의로운 행동을 하는 것이 점차 자연스러워진다. 그렇게 함으로써 우리는 우리에게 영향을 미치는 좋지 않은 욕망들로부터 우리 자신을 자유롭게 할 수 있다. 또한 인간은 지식을 습득하여 다양한 종류의 기계를 만드는 것을 선택함으로써 세상에 변화를 가져올 수 있는 영역을 확장시킬 수 있다. 인간은 수백 년 동안 유지될 대학을 건립할 수도 있고, 다음 세대를 위해 에너지를 절약할 수도 있으며, 수십 년 간의 협력을 통해서 빈곤을 퇴치할 수도 있다. 자유롭고 책임 있는 선택의 가능성은 참으로 심대한 것이다.

인간의 자유로운 선택이 다른 사람에 대한 진실된 책임을 포함하며, 그들을 이롭게 하거나 해롭게 할 수 있는 기회를 수반한다는 것은 선한 것이다. 신은 인간을 이롭게 하거나 해롭게 할 수 있는 능력이 있다. 만일 다른 행위자들이 신의 창조적인 활동에 참여하게 된다면, 그들도 (비록 더 낮은 수준이겠지만) 그 능력을 가지는 것이며 이 역시 선한 일이다. 행위자들이 서로에게 유익을 끼치지만 서로에게 해를 끼치지는 않는 세계가 있다면, 그 세계에서는 서로에 대해 매우 제한적인 책임만을 가질 것이다. 만일 내가 상대에게 가지는 책임이 단지 상대에게 캠코더를 주느냐 마느냐의 문제에 국한되어 있고, 상대에게 고통을 줄 수도 없으며 성장을 방해할 수도 없고 교육의 기회를 제한할 수도 없다면, 나는 상대에 대해 그리 큰 책임을 가진 것이 아니다. 신이 행위자들에게 서로에 대하여 그렇게 제한적인 책임만을 가지게 했다면 그들에게 많은 책임을 주었다고 할 수 없을 것이다. 신은 이 세계가 어떤 세계가 되어야 할지를 결정하는 지극히 중요한 선택들은 자신의 몫으로 남기면서, 인간에게는 단지 세부적인 사항들을 수행할 수 있도록 사소한 선택[권]만을 할 수 있도록 허용했을 수도 있다. 이러한 신은 마치 장남에게 어린 동생을 돌보라고 부탁하면서 장남의 모든 행동을 감시하다가 동생에게 실수할 때마다 간섭하겠다고 하는 아버지와 같다고 할 수 있다. 이때 장남은 아버지의 일에 참여하게 된 것은 기쁘지만, 자신에게도 아버지처럼 중요한 선택을 스스로의 판단으로 결정할 수 있는 권한이 맡겨져야 그 일을 제대로 수행할 수 있지 않겠느냐고 정당하게 반문할 수 있다. 선한 신이라면 선한 아버지처럼 책임을 위임할 것이다. 신은 피조물들을 창조 행위에 참여시키기 위하여 서로에게 상처를 주고 불구로 만들며 심지어 신성한 계획을 좌절시킬 수 있는 선택까지도 할 수 있도록 허용할 것이다. 우리의 세계는 피조물들이 서로에 대해 막중한 책임을 가지고 있는 곳이다. 나는 내 자녀들을 이롭게 할 수 있을 뿐만 아니라 해롭게 할 수도 있다. 내가 자녀들에게 해를 가하는 방법 중 하나는 그들에게 신체적 고통을 가하는 것이다. 하지만 내가 자녀들에게 더 큰 해를 끼칠 수 있는 일들도 있다. 그중에서도 나는 자녀들이 필요한 지식과 능력과 자유를 가진 존재로 성장하도록 양육하기를 그만둘 수도 있다. 나는 내가 가진 자유롭고 책임 있는 선택을 자녀들도 가지게 할지의 여부를 결정할 수 있다. 인간에게 심각한 악을 초래할 가능성이 있다는 것은 그들이 자유롭고 책임 있는 선택을 가진 것의 논리적 귀결이다. 설령 신이라 하더라도 우리에게 악을 야기할 가능성이 배제된 선택권을 줄 수는 없다.

1장에서 살펴보았듯이 어떤 행위가 분명한 이유가 있어서 행해진 것이 아니라면 의도적인 행위가 되지 않는다. 다시 말해, 그 행위는 어떤 방식으로든 (행동 자체가 혹은 행동의 결과가) 좋아보였기 때문에 행해진 것이다. 만일 이성만이 행위에 영향을 미치는 것이라면 행위자는 자신이 가장 중요하게 여기는 도리에 따라 무엇을 할지 결정할 것이다. 오직 이성의 영향만을 받는 행위자는 자신이 종합적으로 보았을 때 최선이라고 여기는 행동을 필연적으로 하게 될 것이다. 만약 행위자가 자신이 종합적으로 보았을 때 최선이라고 여기는 행동을 하지 않는다면, 그는 이성이 아닌 다른 요인들이 자신에게 영향력을 행사하도록 허용한 것이다. 다시 말하자면, 행위자는 자신이 종합적인 측면이 아닌 특정한 측면에서 선하다고 여기는 욕망이 자신의 행동에 영향을 미치도록 허용한 것이 확실하다. 그러므로 **행위자가 선과 악 사이에서 선택하기 위해서는 이미 특정한 타락**, 즉 자신이 확실히 악이라고 여기는 욕망의 체계를 **필요로 한다**. 내가 선과 악 사이에서 선택을 내리기 위해서는, [우선] 나에게 과식을 하고 싶어 하고, 내 정당한 몫보다 더 많은 돈과 권력을 얻고 싶어 하고, 배우자 혹은 연인을 속여서라도 성적 욕구를 충족시키고 싶어 하고, 상대가 상처 받는 것을 보고 싶어 하는 욕구want가 있어야 한다. 이 타락성은 그 자체로 악이지만 더 큰 선을 위한 필요조건necessary condition이다. 타락은 진정한 대안[선을 선택하는 것]에 맞서는 것이기 때문에 우리로 하여금 진지하고 신중한 선택을 할 수 있도록 만든다. 나는 자유의지 방어의 논리에 따라 도덕적 악의 가능성은 실제로 악 그 자체가 아니라 더 큰 선을 위한 필요조건임을 강조한다. 더 큰 선이 발생하는지의 여부는 (신의 선택으로 말미암아) 우리에게 달려 있으며, 신의 통제 밖에 있다.

더 나아가 중요한 사실은, 만약 내가 상대방이 자유롭게 선택한 나쁜 행동의 결과로 고통을 겪게 되더라도 그것이 나에게 전적인 손실을 의미하는 것은 결코 아니라는 점이다. 어떤 관점에서 보면 그 고통은 나에게 좋은 것이다. 만일 삶에서 감각적인 쾌락만이 좋은 것이고 감각적인 고통만이 나쁜 것이라면, 내가 겪는 고통은 전적으로 나에게 손실이라고 할 수 있다. 고통을 이러한 관점에서 생각하는 경향으로 인하여 악의 문제는 현대 세계에서 매우 예민하게 여겨진다. 만일 선과 악이 감각적인 호불호好不好에 의해 결정된다면 고통의 발생은 신의 존재에 대한 결정적인 반박이 될 수 있다. 하지만 우리는 이미 우리와 우리의 동료들과 이 세계의 미래에 영향을 미치는 자유로운 선택에 함의된 큰 선을 주목해 보았다. 그리고 이제 또 다른 큰 선, 즉 우리 자신과 다른 사람에게 유익하게 쓰이는 목적을 수행하는 우리 삶의 좋은 점에 주목해 보자. "주는 것이 받는 것보다 복이 있다."(행 20:35; 바울의 인용)는 그리스도의 말씀을 기억해 보라. 우리는 집 앞에 거지가 나타났을 때 그에게 무언가를 베풀어야 한다는 의무감을 가지며 또 실제로 무언가를 베풀게 된다. 우리는 이 경우에 거지는 운이 좋았지만, 그때 마침 집에 있었던 우리 자신은 운이 좋지 않았다고 생각하는 경향이 있다. 그러나 그것은 그리스도가 하신 말씀에 부합하지 않는다. 그리스도는 바로 우리가 운이 좋았다고 말씀하신다. 왜냐하면 우리가 적은 것을 베풀 수 있을 정도로 많은 것을 소유했기 때문이 아니라, 거지의 행복에 기여할 수 있는 특권을 가지게 되었기 때문이다. 그리고 그 특권은 돈보다 훨씬 더 가치 있는 것이다. 선행을 하는 것을 자유롭게 선택할 수 있는 것이 큰 선이듯이, 가치 있는 목적을 위하여 다른 사람에 의해 (그 사람이 우리를 이런 방식으로 이용할 정당한 권리를 가지고 있는 한) 이용되는 것도 선이라고 할 수 있다. 설령 강요된다고 하더라도 **큰 선을 이루기 위하여 고통을 당하도록 허용되는 것은 특권이다.** 자신의 목숨을 버림으로써 외세의 압제로부터 나라를 구한 사람들은 특권을 가졌던 것이다. 순전히 육체적인 고통에 의한 악에 대하여 우리보다 덜 집착하는 문화권에서는 항상 이 관점을 인식하고 있었다. 그들은 심지어 이미 죽은 사람에게 징집통지서가 발부되어도 여전히 그것을 영광으로 여긴다.

그리고 21세기의 사람들조차도 죄수들을 돕고자 할 때 더 편안한 수용 시설을 제공하기보다는 장애인을 위한 봉사활동을 하도록 하였으며, 또 모든 것을 가졌어도 아무에게도 베풀지 않는 '불쌍한 부잣집 따님'을 부러워하기보다는 측은해하기 시작했다. 21세기 초에 영국에 팽배했던 현상인 실업이라는 악은 특히 우리의 주목을 끈다. 실업자들은 우리의[영국의] 사회보장제도 덕분에 전반적으로 큰 불편함 없이 생활할 수 있는 급여를 수령한다. 그들은 확실히 아프리카나 아시아에서, 또는 빅토리아 시대에 일자리를 가졌던 사람들보다 훨씬 더 나은 삶을 누린다. 실업이 악한 이유는 그것이 빈곤을 초래하기 때문이 아니라 실업자들이 자신을 쓸모없다고 여기게 만들기 때문이다. 그들은 보통 스스로를 '폐품 더미'로, 사회로부터 인정을 받지 못하는 무용한 존재로 인식한다. 실업자들도 당연히 자신들이 [사회에] 공헌하는 것이 선하다고 생각하지만 그렇게 할 수 있는 형편이 되지 못한다. 그들 중 다수는 자신을 필요로 하지 않는 사회보다는, 의무적으로라도 유용한 일을 할 수 있는 제도를 기꺼이 받아들일 것이다.

이용당하는 것이 이용당하는 자신에게 이로움이 된다는 사실로부터 다음과 같은 점이 유추된다. 즉 타인들에 의해 고통을 받지만 그렇게 함으로써 자유롭고 책임 있는 선택을 가진 그들의 선을 가능하게 하는 사람들은 바로 이러한 측면에서 자기 자신에게 이로움을 끼친다. 만약 당신이 나를 다치게 하려고 한다면 그로 인해 자연적으로 발생할 나의 고통은 당신의 선택을 중요하게 만들어 주는 수단이 되며, 이는 나에게 복fortune이다. (만일 당신이 잘못된 선택을 내릴 경우 필연적으로 수반되는) 고통에 대한 나의 취약성과 개방성은 당신이 실수를 저질러도 큰 상관이 없는 가상 세계 안의 비행기 조종사와 같지 않다는 것을 의미한다. 대상에게 좋거나 나쁜 영향을 크게 미칠 수 있을 정도로 대단히 중요한 우리의 선택[권]은 창조주가 우리에게 줄 수 있는 가장 큰 선물들 중 하나이다. 그리고 만약 신이 당신에게 선택을 주기 위하여 나의 고통을 수단으로 삼는다면, 이런 측면에서 나에게도 복이 되는 것이다. 물론 고통은 그 자체로 나쁜 일이지만 그 고통이 무작위적이고 무의미한 고통은 아니라는 점은 나에게 복이다. 내가 그러한 고통을 당한 것은 내 유약함의 결과인 것이다.

누군가는 반대하기를 (조국을 위해 목숨을 바치거나 당신의 손에 의해 고통을 당하는 것처럼) 실제로 자신이 사용되는 것이 선이 아니라, (조국을 위해 목숨을 바치는 행위가 유용하다고 믿는 것처럼) 자신이 사용된다고 믿는 것, 곧 '기분 좋은' 경험이 선이라고 주장할 수 있다. 하지만 그 반박은 옳지 않다. 위로를 주는 믿음을 갖는 것은 그 믿음이 참일 경우에만 선이다. 일이 잘 되지 않는데 잘 되고 있다고 믿거나 삶이 [유익하게] 쓰임받지 못하고 있는데 쓰임받고 있다고 믿는 것은 선한 일이 아니다. 위로를 주는 거짓에서 기쁨을 얻는 것은 그저 자기기만일 뿐이다. 그러나 내가 참된 믿음에서 기쁨을 얻는다면, 그 기쁨은 반드시 내가 그 일이 선하다는 믿음을 확실하게 고수해야만 얻을 수 있다. 만일 내가 내 딸이 학교생활을 잘 하고 있다는 참된 믿음에서 기쁨을 얻는다면, 나는 반드시 (내 딸이 학교생활을 잘 하고 있다고 믿든지 혹은 믿지 않든지 간에) 내 딸이 학교생활을 잘 하는 것이 선한 일이라고 여겨야만 한다. 내가 그렇게 생각하지 않는다면 딸이 아무리 학교생활을 잘 하고 있다고 믿는다고 해도 나는 어떤 기쁨도 얻을 수 없을 것이다. 이와 마찬가지로 내가 당신이 가하는 고통에 취약하다는 믿음과 이것이 선한 것이라는 믿음은 **(내가 그렇게 믿거나 혹은 믿지 않는 것과는 상관없이 독립적으로) 당신이 가하는 고통에 취약한 것 그 자체가 선한 일**이라고 믿을 때에만 선한 일이 될 수 있다. 분명한 점은 내 삶이 [유익하게] 쓰임을 받고 그것이 나에게 선이 된다고 한다면, 내가 그것을 사실이라 믿고 그로부터 위로를 얻을 때 더 큰 유익이 될 것이다. 하지만 이는 내가 그 사실을 믿거나 혹은 믿지 않는 것과는 상관없이 이미 그 자체로 나에게 선한 것이어야만 더 유익할 것이다.

그러나 비록 고통이 이런 방식으로 선한 목적을 위해 작용한다고 할지라도, **신이 여러분의 유익을 위하여** 나의 동의를 얻지 않고 **나에게 고통을 허용할 수 있는 권리가 있는가?** 틀림없이 반대자는 어느 누구도 A라는 사람의 동의 없이 B라는 사람의 유익을 위하여 A에게 고통을 허용할 권리는 없다고 말할 것이다. 우리는 의사가 환자들도 모르게 그들을 의료 실험의 대상으로 삼는다면, 그것이 설령 다른 사람들에게 도움이 되기를 바라는 마음으로 한다고 할지라도 잘못된 행위라고 판단한다. 결국 고통의 유용성에 관한 나의 주장이 타당하다면, 다른 사람들이 올바른 방식으로 반응할 수 있는 기회를 가지게 할 목적으로 우리가 그들에게 고통을 줄 수는 없다는 말인가?

하지만 신과 의사 사이에는 중대한 차이가 있다. 첫째로, **신은 우리 존재의 조성자로서 특정한 권리들을 가지고 있으며, 우리가 우리의 동료 인간들에 대해 가지고 있지 않은** 특정한 권위를 **우리에 대하여 가진다**. 신은 우리 존재의 매 순간마다 우리 존재의 근원이며, 또한 우리 존재와 소유의 바탕이 되는 자연법칙을 유지시킨다. 만일 누군가 자신의 선이나 다른 사람들의 선을 위하여 어떤 사람으로 하여금 고통을 겪게 하려면, 그 주체는 그 대상에 대하여 부모-자녀와 같은 관계를 맺고 있어야만 한다. 나는 어떤 선을 이루기 위하여 낯선 사람으로 하여금 고통을 받게 할 권리는 없지만, 내 자녀에 관해서는 이런 종류의 권리를 어느 정도는 가지고 있다. 나는 내 작은아들이 자신이나 형의 유익을 위해 어느 정도의 고통을 받는 것을 허용할 수 있다. 나는 작은아들의 존재, 곧 그의 탄생과 양육에 있어서 일정한 책임을 감당하기 때문에 이러한 권리를 가진다. 만일 내가 그를 낳아서 키우고 교육시켰다면, 나는 그 대가로 작은아들에 대해 제한된 권리를 가지며 매우 제한된 범위 안에서 나는 의미 있는 목적을 위해 그에게 고통을 줄 수 있다. 만약 이러한 생각이 옳다면 우리의 존재를 조성하는 데에 있어서 우리의 부모님보다 더 깊이 관여한 신은 이러한 관점에서 훨씬 더 큰 권리를 가진 것이다. 그러나 의사들은 그들의 환자들에 대해 부모들이 자녀에 대해 가지는 그 제한된 권리조차 가지고 있지 않다.

둘째로, 더 중요한 이유는 의사들도 환자들에게 동의를 구해 볼 수 있다는 점이다. 그리고 어느 정도의 능력과 지식을 지닌 환자들은 그러한 요구를 허용할지에 대하여 숙고해 보고 결정을 내릴 수 있다. 이와는 대조적으로 **신의 선택은** 이미 존재하는 행위자들을 어떻게 이용하는가에 대한 것이 아니라 **어떠한 유형의 행위자를 창조할 것이며 어떠한 유형의 세계에 그들을 존재하게 할 것인지에 대한 것이다.** 즉 신의 입장에서 보자면 [신의] 그러한 요구를 받을 수 있는 행위자가 애초에 존재하지 않는다. 나는 행위자 A가 다른 행위자 B에게 (또한 행위자 B는 순서대로 다른 행위자 C에게) 깊은 책임감을 가지고 있는 것이 선하다고 주장한다. 그런데 만약 A가 B의 자유와 지식과 능력의 성장에 책임을 진다면, 신이 A에게 그러한 책임을 부여할 것인지 혹은 부여하지 않을 것인지 결정하기 전까지 B는 어떠한 선택을 내릴 만한 충분한 자유와 지식을 가지지 못할 것이기 때문에, 신이 B에게 그러한 [불충분한] 것을 원하는지 묻는 것은 논리적으로 가능하지 않다. 이는 우리가 갓난아기에게 어떠한 유형의 세상에서 태어나고 싶은지 물을 수 없는 것과 마찬가지이다. 창조주는 자신의 피조물과는 별개로 독립적인 결정을 내려야 한다. 그는 모든 피조물에게 유익이 되도록 균형을 잡으려 할 것이다. 그리고 어떠한 고통이 수반된다고 할지라도 피조물에게 생명이라는 선물을 주는 것은 그들에게 실질적으로 유익할 것이다. 하지만 어떤 사람이 다른 사람에 의해 고통을 받을 경우에 때로는 그 고통을 극복할 만큼의 충분한 유익이 주어지지 않을 수도 있다. 바로 여기에서 기억해야 할 것은, 피해자의 고통이 그에게 해를 가하는 사람으로 하여금 (이 일이 아니었다면 가지지 못했을) 선과 악 사이에서 중요한 선택을 내릴 기회를 가지게 하는 수단이 된다는 점에서 피해자에게 부가적인 유익이 된다는 사실이다.

앞서 강조하였듯이 신은 이러한 이유들로 인하여 사람들이 서로에게 고통을 주는 것을 허용할 권리가 있지만, 신이 더 큰 선을 이루기 위하여 사람에게 허용하는 그 **고통의 정도에는 반드시 제한이 있어야 한다.** 이는 부모가 큰아이에게 책임감을 심어 주기 위해 큰아이가 작은아이에게 어느 정도 해를 가하는 것을 허용할 수는 있으나, 그 정도에는 제한이 있어야 하는 것과 마찬가지이다. 심지어 우리의 창조자이자 보존자이며, 자유롭고 지각이 있는 존재들을 거대한 섭리 가운데 장기말처럼 사용하는 신의 도덕적 권리에도 제한이 있다. 하지만 만약 이러한 제한들의 범위가 너무 좁다면 신은 사람들에게 실질적인 책임을 많이 줄 수 없을 것이며 그저 사람들이 장난감을 가지고 놀 수 있을 정도의 책임만을 허용하게 될 것이다. 그렇다고 할지라도 인간들이 서로를 다치게 하는 것을 허용하는 신의 권리에는 제한이 주어져야 한다. 이 세상에서는 그들이 서로를 다치게 하더라도 그 범위가 제한되는데, 그것은 바로 위에서 언급되었듯이 사람과 다른 피조물들의 유한하고 짧은 수명이다. 즉, 사람은 다른 사람에게 80년 이상 해를 가할 수 없다. 그리고 인간의 생리生理와 심리心理에는 우리가 겪을 수 있는 고통의 정도를 제한하는 여러 다른 안전장치들이 내장되어 있다. 물론 그중에서도 가장 우선되는 안전장치는 우리의 유한하고 짧은 수명이다. 만일 원하지 않는 고통이 끝없이 이어진다면 나는 그것이 분명 신의 존재에 대한 매우 강한 반증이 될 것이라고 생각한다. 그렇지만 인간에게 그러한 고통은 존재하지 않는다.

그렇다면 신은 인류에게 묻지 않고 그들로 하여금 어느 세계에 살게 해야 할지를 선택해야 한다. 신은 기본적으로 인간이 서로를 이롭게 또는 해롭게 할 기회가 매우 적은 세계를 선택하거나, 아니면 그렇게 할 기회가 많은 세계를 선택해야 한다. 신은 어떠한 선택을 내리겠는가? 분명히 양쪽의 선택 모두 합당한 이유들이 있다. 하지만 내가 (균형의 관점에서) 보기에는 신이 우리가 서로를 이롭게 혹은 해롭게 할 기회가 많은 세계를 창조하기로 결정한 것은, 그렇게 함으로써 허용되는 악의 정도와 같거나 혹은 그보다 더 큰 선을 만들기 위함이다. 물론 신이 허용하는 고통은 나쁜 것이며 그와 같은 것들은 피해야 한다. 그러나 고통을 일으키는 자연적 가능성을 가진다는 것은 더 큰 선의 존재를 가능하게 하는 것이다. 신은 스스로 어떠한 유형의 세계에 태어날 것이지를 (논리적 필연성에 의해) 선택할 수 없는 인간을 창조함에 있어서, 그들이 다른 이들의 유익을 위하여 고통을 겪어야 할 수도 있는 위험한 세상에서 태어나 영웅적인 선택을 할 수 있는 존재로 만듦으로써 자신의 선함을 설득력 있게 보여준다.

자연적 악

자연적 악은 도덕적 악과 동일한 선상에서 다루어질 수 없다. 내 생각에 자연적 악의 주요 역할은 '자유의지 방어'가 중요하게 평가하는 유형의 선택권을 인간이 가지고 있음과, 또한 인간에게 가치 있는 유형의 선택권이 특별하게 주어졌음을 밝히는 것이다.

자연적 악은 두 가지 방식을 통해 인간에게 그러한 선택권을 부여한다. 첫째, **악을 생산하는 자연법칙의 작용은 인간에게** (그들이 알아보려고 한다면) 그러한 악 자체를 어떻게 발생시킬 수 있는지에 대한 **지식을 준다**. 만일 내가 당신이 어떤 질병에 걸리게 된 자연적 과정을 관찰했다고 가정해 보자. 그렇다면 나는 그 과정들을 이용하여 다른 사람들로 하여금 그 질병에 걸리게 할 것인지, 아니면 [과정을 공개하지 않고] 태만하게 있음으로써 다른 사람들이 그 질병에 걸리게 할 것인지, 아니면 조치를 취하여 다른 사람들이 그 질병에 걸리는 것을 예방할 것인지를 선택할 힘을 가지게 된다. 다양한 선과 악을 만들어 내는 자연의 구조에 대한 연구는 인류로 하여금 더 넓은 범위의 선택을 할 수 있는 기회를 제공해 준다. 이러한 방식으로 우리는 선과 악을 일으키는 방법을 배워 나간다. 그렇다면 신이 우리에게 자유롭고 책임 있는 선택을 내리는 데 필요한 (선과 악을 일으키는) 필수적인 지식을 허락할 때 그는 우리가 조금 더 적은 대가를 치르게 할 수는 없었는가? 신은 때때로 우리가 선택한 행동들에 따라 결과가 어떻게 달라질 것인지를 우리의 귀에 속삭여줄 수는 없었는가? 물론 그럴 수 있었다.

그러나 신이 자신에게 알려준 내용들이 자신의 행동에 영향을 미쳤다고 믿는 사람은 자신의 모든 행동이 신의 감독 아래에서 이루어졌다고 생각할 것이다. 그렇다면 그 사람은 신이 존재한다고 강하게 믿을 뿐만 아니라 그 사실이 참된 확실성을 가진다고 이해할 것이다. 신이 존재한다는 것을 아는 지식이 그의 자유로운 선택을 크게 제약할 것이라는 사실은 그로 하여금 악을 선택하는 것을 매우 어렵게 만들 것이다. 이 현상은 우리가 모든 사람에게 그리고 누구보다도 전선한 신에게 잘 보이고 싶어하는 경향이 있기 때문이다. 우리에게 이러한 경향이 있다는 사실은 인간이 가지는 매우 좋은 특성이며, 이러한 경향이 없다면 우리는 온전한 사람이라고 여겨질 수 없을 것이다.

또한 우리가 우리의 행동의 결과를 정확하게 알게 된다면, 우리는 실험과 협업의 고된 과정을 통하여 결과를 알아낼지 말지를 선택할 기회를 빼앗기게 될 것이다. 지식은 굳이 힘들여서 찾지 않아도 언제든 주어질 것이다. 인간은 자신의 자유를 제약하지 않고도 자연적 과정만을 통해서 자신의 행동의 결과에 대한 지식을 얻을 수 있다. 그리고 만일 악이 인간에게 일어날 가능성이 있다면 그들은 그 악을 어떻게 허용할 것인지에 대한 확실한 생각을 가지고 있을 것이다.

자연적 악은 다른 방식으로도 인간에게 자유를 주는데, 곧 **행위자들로 하여금 그들 사이에서 발생한 특정한 유형의 행위에 대하여 어떤 행동을 취할 것인지를 선택할 수 있도록 작용한다.** 자연적 악은 중요한 선택을 내릴 수 있는 범위를 확장시킨다. 신체적 고통과 같은 자연적 악은 고통을 겪고 있는 사람으로 하여금 인내심을 가지고 견딜지 혹은 자신의 운명을 한탄할지 결정할 선택권을 준다. 그의 친구들 역시 고통을 겪고 있는 그를 향하여 동정심을 보이기로 선택할 수도 있고 냉담하게 반응하기로 선택할 수도 있다. 따라서 그 고통은 이러한 선택들을 가능하게 만들며 이러한 선택권은 그 고통이 없이는 주어지지 않았을 것이다. 고통에 대하여 우리가 어떻게 반응하는 것이 좋은 선택이라는 보장은 없지만, 고통은 [적어도] 우리에게 선한 행동을 수행할 수 있는 기회를 부여한다. 우리가 이러한 자연적 악에 직면하여 행하는 선한 행동과 악한 행동 자체는 그 이후의 기회, 곧 내가 했던 이전의 행동이 선했는지 또는 악했는지 판단할 수 있는 기회를 제공해 준다. 만약 내가 인내심을 가지고 고통을 참아 낸다면 당신은 나의 인내심을 격려할 수도 있고 비웃을 수도 있다. 만약 내가 나의 운명을 한

탄한다면 당신은 말로써 혹은 본을 보여줌으로써 인내심의 좋은 점을 나에게 가르쳐 줄 수도 있다. 그리고 만약 당신이 동정심을 보여준다면 나는 그 동정심에 감사하는 마음을 표현할 기회를 가질 수도 있고 또는 그때에도 내 자신에게만 몰두하고 있어서 당신의 동정심에 무관심할 수도 있다. 당신이 냉담한 반응을 보인다면 나는 그것을 무시할 것인지 혹은 평생 당신의 냉담함을 원망할 것인지 선택할 수 있다. 이런 예들은 수없이 많다. 나는 신체적 고통과 같이 자연적 악도 이러한 유형의 선택권을 준다는 사실에 대해 의심의 여지가 없다고 생각한다. 이처럼 자연적 악으로부터 실현되는 행위들은 우리들로 하여금 최선의 행동을 선택하게 하며 우리의 이웃들과 가장 깊은 차원에서부터 협력하게 해준다.

그러나 자연적 과정에 의하여 생기는 고통이 없이도 도덕적 악의 발생을 통하여 이와 같은 매우 유익한 행동들이 존재할 수 있는 기회가 충분히 있다고 말할 수 있다. 당신은 암으로 위협을 받았을 때와 마찬가지로 테러범의 위협을 받았을 때에도 용기를 보여줄 수 있고, 암으로 죽어가는 사람들에게 동정심을 보이듯이 테러범에게 살해당할 위험에 처한 사람들에게도 동정심을 보일 수 있다. 반면에 질병이나 지진, 또는 인간이 예방할 수 없는 사고에 의해 발생하는 모든 심신의 고통이 단번에 제거된 사회를 상상해 보자. 어떠한 고통도 없으며 어린아이의 갑작스러운 죽음으로 인한 비탄도 없는 사회 말이다. 그렇다면 우리 중 많은 사람들은 용기나 위대한 선함이 있음을 증명할 기회가 거의 없는 매우 평범한 삶을 살게 될 것이다. 그러므로 우리가 영웅이 될 기회를 얻기 위해서는 돈이나 권력으로 장기간 막을 수 없는 은

밀한 붕괴와 해체의 과정이 필요하다.

신은 (도덕적 악이 발생하도록 허용하는 권리와 동일한 이유로) 자연적 악이 일정한 한계 내에서 발생하도록 허용할 권리가 있다. 물론 신이 영웅적 행위를 펼칠 기회를 끝없이 주기 위하여 악을 계속 증가시킨다고 생각하는 것은 비정상적이다. 하지만 어떤 사람으로 하여금 자연적 악을 당하게 함으로써 그가 진정한 영웅적 행위를 선택하게 하고 그로 말미암아 그의 인격이 형성된다고 한다면, 어느 정도 중요한 기회를 가지게 하는 것은 그에게 유익하다. 자연적 악은 우리가 선과 악 사이에서 다양한 선택을 내릴 수 있는 지식과 더불어 특별한 가치가 있는 행동들을 행할 수 있는 기회를 준다.

그러나 **동물들**이 자유의지를 갖는다고 가정할 이유는 없다. 그렇다면 **동물들의 고통은 어떠한가?** 동물들은 사람이 이 지구상에 등장하기 전부터 오랜 기간 고통을 겪어 왔다. 특별히 의식을 가진 동물이라면 오랫동안 고통을 겪었을 것이다. 여기서 가장 먼저 생각해야 할 것은 고등동물, 즉 적어도 척추동물의 경우에는 고통을 받기는 하지만 인간이 겪는 고통의 정도만큼 고통을 느낄 가능성은 거의 없다는 점이다. 고통을 겪는다는 것은 (몸의 다른 부분의 활동으로 인해 야기되는) 뇌의 활동에 직접적으로 의존한다는 사실로 미루어 볼 때, 하등동물은 전혀 고통을 겪지 않는 반면 인간은 고통을 많이 겪기 때문에, 중간 정도의 복잡성을 지닌 동물은 (합리적인 가정을 해보자면) 중간 정도의 고통만을 겪을 것이다. 그러므로 신이 왜 동물로 하여금 고통을 받게 하는지를 설명하는 신정론이 필요하기는 하지만, 인간이 왜 고통을 겪는지를 설명하는 신정론만큼 강력할 필요는 없다. 따라서 동물의 신정론은 신이 왜 동물에게 인간보다 훨씬 더 적은 고통을 허용했는지에 대한 충분한 설명만 제공하면 된다. 물론 나는 위에서 서술한 인간의 신정론을 동물에 대해서도 개략적으로 적용할 수 있다고 생각한다.

인간의 선과 마찬가지로 동물의 선도 단지 황홀한 쾌락만으로 구성된 것은 아니다. 동물에게도 더 가치 있는 일들이 있고 의도적인 행동들이 있으며, 특별히 그중에서도 진지하고 유의미한 의도적인 행동들이 있다. 동물의 삶 역시 진지하고 유의미한 의도적인 행동들을 포함한다. 예를 들어, 지칠 수도 있고 실패할 수도 있지만 동물들은 짝짓기 상대를 찾아 나선다. 동물들은 큰 어려움을 겪으면서도 둥지를 짓고 새끼들에게 먹이를 주고 천적들을 유인하고 주변을 둘러본다. 이 모든 (지쳤을지라도 할 수밖에 없는) 행동들은 필연적으로 고통과 위험을 수반한다. 동물은 산불에 갇힐 위험이 높지만 않다면, 의도적으로 산불을 피하거나 그 산불로부터 새끼들을 구하기 위해 애를 쓰지 않는다. 위험을 감수하면서도 새끼를 구하는 행동은 실제적인 위험이 있지 않은 한 쉽게 일어나지 않는다. 그리고 산불에 갇힐 자연적 확률이 높지 않다면 실제적인 위험은 발생하지 않는다. 동물들이 그러한 행동을 자유롭게 선택하여 하는 것은 아니지만 그럼에도 그 행동들은 할 만한 가치가 있다. 동물들이 자기만 먹지 않고 새끼들까지 먹이는 일, 위험하다는 것을 알면서도 주위를 경계하는 일, 그리고 천적으로부터 서로를 구해 주는 일 등은 모두 대단한 행동이다. 이러한 행동들은 동물의 삶에 가치를 부여한다. 하지만 동물들도 때때로 다른 피조물에게 고통을 주는 일에 포함되기도 한다.

다시 중심주제인 인간의 경우로 돌아와 살펴보자. 독자들은 책임감, 자유로운 선택, 그리고 [유익하게] 쓰임받는 일 등이 황홀한 쾌락이나 고통의 부재보다 훨씬 더 가치 있다고 여기는 나의 의견에 동의할 것이다. 우리는 (실제로 살면서 겪는 경험에 더하여) 셀 수 없이 많은 상세한 사고실험thought experiment을 숙고하지 않고서는 이 세상의 악들을 바른 관점으로 살펴볼 다른 방법이 없다. 이 사고실험이란 우리가 우리의 세계와는 매우 다른 유형의 세계들을 상정한 후에, 전선한 신이라면 과연 우리의 세계가 아닌 다른 세계들 중에서 (혹은 존재하는 세계가 없다면) 어떤 세계를 창조할 것인지 우리 자신에게 묻는 것이다. **나는** 이 과정을 시작하는 것에 도움을 줄 수 있는 **매우 간단한 사고실험으로 결론을 내리고자 한다**. 당신이 이 세계에 태어나기 이전에 다른 세계에 존재했으며, [다른 세계에 있을 때] 이 세계에서는 어떤 유형의 삶을 살 것인지 선택할 수 있었다고 가정해 보자. 당신에게는 성인의 특징이라고 할 수 있는 풍부한 감각과 믿음을 가지는 성숙한 삶이 주어지지만, 그 삶은 매우 짧아서 단 몇 분밖에 되지 않는다고 해보자. 당신은 어떤 유형의 삶을 살 것인지 선택할 수 있다. 당신은 이 짧은 시간 동안 헤로인과 같은 마약을 사용하여서 당신만이 경험할 수 있으며 (아무도 당신이 하는 일을 모르는) 외부세계에 전혀 영향력을 미치지 않는 매우 엄청난 쾌락을 즐기거나, 혹은 이 짧은 시간 동안 출산의 고통과 같은 엄청난 고통을 경험함으로써 수년 후에는 다른 사람들에게 (고통을 겪는 당시에는 당신이 몰랐던) 매우 선한 영향력을 끼칠 수 있다. 또한 만일 당신이 후자를 선택하지 않을 경우에는 다른 사람들이 존재할 리도 없으므로 당신이 두 번째 선택을 해야 할 도덕적 의무가 없다는 사실도 알고 있다고 해보자. 그렇지만 당신은 스스로의 인생을 최상의 삶으로 이끌 수 있는 선택을 할 것이다. 당신은 어떠한 선택을 내릴 것인가? 나는 당신이 망설임 없이 두 번째 대안을 선택할 것이라 생각한다.

선과 악 사이에 상대적인 장점이 있다는 나의 주장이 여전히 납득되지 않는 사람들은 비록 선이 훌륭한 것은 사실이지만 그것이 선 안에 악을 포함시키는 것을 정당화하지는 않는다고 주장한다. 이에 대하여는 대안적 설명이 있다. 신이 **자신들의 고통으로 선을 가능하게 만든 피해자들의 죽음 이후에 그들에게 행복이라는 보상**을 반드시 제공한다면 선의 훌륭함에 대한 나의 논증, 곧 전선한 신이 선을 위하여 선을 발생시킬 수 있는 악들을 허용하는 것에 대해 정당화된다는 사실은 설득력을 가질 것이다. 이러한 방식의 지지를 요구하는 신정론을 견지하는 사람은 자신의 신정론이 정당화되기를 원한다면, 신이 죽음 이후에 그러한 생명을 제공한다고 믿는 것에 대한 독립적인 근거가 필요할 것이다. 나는 다음 장에서 그러한 근거가 될 수 있는 것을 간략하게 언급할 것이다. 나는 신이 많은 사람들에게 사후 생명을 제공한다고 믿지만, 이러한 가정에 의지하지 않고 신정론을 설명하였다. 하지만 나는 최악의 상황을 고려해 볼 때 [신이 보상 해 줄 것이라는] 가정이 필요하다고 생각하는 사람들을 충분히 이해할 수 있다. (이 보상적인 사후 세계가 반드시 천국에서 누리는 영생일 필요는 없다).

그러나 악은 악이라는 사실과 이 세계에서 선을 실현시키기 위해서는 상당한 대가를 치러야 한다는 사실은 여전히 남아 있다. 신이 만일 고통과 아픔이 없는 세계, 그렇기 때문에 여러 악들이 특정한 선을 가능하게 만드는 일이 발생하지 않는 세계를 창조하였다고 하더라도 신의 전선함은 여전히 유지되었을 것이다. 기독교, 이슬람교, 그리고 대다수의 유대교 전통은 신이 두 종류의 세계, 곧 우리의 세계와 복된 자들의 [세계인] **천국**을 창조했다고 주장한다. 천국은 광대한 범위의 고차원적인 선이 실현되는 참으로 놀라운 세계이지만, 선을 거부할 수 있는 선을 비롯하여 우리의 세계가 가지고 있는 몇몇 선은 결여되어 있다. 그러므로 자비로운 신이 우리 중 일부에게 선을 거부할 수 있는 가능성이 더 이상 존재하지 않는 놀라운 세계[천국]를 허락하기 전에, 현재 우리의 세계에서 선을 거부할 수 있는 선택권을 주는 것은 한편으로 일리가 있다.

7 장

신의 존재가 어떻게 기적과 종교적 경험을 설명하는가

기적

나는 지금까지 신이 우리의 우주를 창조했고 또한 보존하고 있다는 주장이 우주의 전반적인 구조, 곧 우주의 존재, 자연법칙에 대한 우주의 순응성, 동물과 인간을 진화시키도록 하는 우주의 미세조정, 그리고 감정, 생각, 믿음, 욕망, 의도를 가지고 자신들과 이 세계에 깊이 있고 의미 있는 방식으로 큰 영향을 끼칠 수 있는 의식적 존재인 인간 등을 가장 잘 설명하는 가설이라는 점을 논의했다. 또한 나는 지구상에서 발견되는 악의 존재가 이 주장을 반박하지 않는다고 논증했다. 따라서 지금까지의 증거들을 고려해 보았을 때 신이 존재한다는 주장은 상당한 정도의 신빙성을 가진다. 그러나 만약 전선한 신이 존재한다면 그는 자신의 피조물을 사랑할 것이고, 혹자는 그러한 신이 단지 자신이 지속적으로 유지시키는 세상의 자연질서를 통해서 우리와 교통하기보다는 **때때로 더욱 직접적이고 개인적인 방식으로** 우리의 기도에 응답하고 우리의 필요를 채워주기를 기대할 것이다. 하지만 **신은 자연질서에 자주 개입하지는 않을 것이다**. 만일 신의 개입이 빈번하다면 우리는 우리의 행위에 대한 결과를 예측할 수 없게 되어서 결국 세계와 우리 자신에 대한 통제를 상실할 것이기 때문이다. 신이 만일 암에 걸린 가족을 낫게 해달라는 기도에 거의 다 응답해 준다면 암은 더 이상 인간에게 해결해야 할 문제가 되지 않을 것이다. 즉 기도가 암을 치료하는 확실한 방법이 될 것이기 때문에 사람들은 암을 더 이상 과학적인 연구를 통하여 풀어야 할 문제로 여기지 않을 것이다. 그렇다면 신은 우리가 돈과 힘을 들여서 암의 치료법을 찾을 것인지, 아니면 암을 피하기 위하여 (금연을 하는 등의) 노력을 기울일 것인지, 아니면 암에 대해 신경을 쓰지 않을 것인지 등의 진지한 선택을 내릴 기회를 우리에게서 빼앗게 될 것이다. 특정한 사건이 좋은 결과를 일으킬 것인지 혹은 나쁜 결과를 일으킬 것인지 결정하는 자연법칙은 우리로 하여금 어떤 사건이 인과적으로 어떤 결과를 발생시키는지 발견하도록 하고 그 발견한 사실을 우리 자신을 위해 활용할 수 있게 한다. 자연법칙은 마치 부모나 학교, 또는 정부가 만든 규칙과 같아서 어떤 행동들이 벌을 받게 될 것이고 어떤 행동들이 보상을 받게 될 것인지를 설명해 준다. 그리고 우리가 그 규칙을 발견하게 되면 우리는 자신이 한 행동의 결과에 대한 통제력을 얻게 되며, 결과적으로 보상을 받을 것인지 아니면 처벌받을 위험을 감수할 것인지 선택할 수 있게 된다. 하지만 자애로운 부모들은 당연히 [자녀들의] 특별한 요구에 응답하기 위하여 그들 자신이 세운 규칙을 때때로 위반할 것이다. 이는 부모들이 단지 규칙의 제정자가 아니라 [자녀들과] 서로 소통하는 인격체임을 의미한다. 그렇다면 신도 역시 이와 비슷한 논리로 때로는 자신이 세운 규칙을 깨뜨리고 역사에 개입할 것이라고 예상할 수 있다.

그러므로 우리는 고통의 경감, 신체적 혹은 정신적 건강의 회복, 자아에 대한 자각, 중요한 영적 진리에 대한 인식 등과 같은 선한 목적을 가진 기도의 경우 신이 때때로 응답해 줄 것이라고 기대할 수 있다. 또한 우리가 자유를 오용하는 경우에는 신이 때때로 우리의 기도를 기다리지 않고 개입하여서 우리로 하여금 다양한 방식으로 세상을 더 좋게 만들 수 있도록 도울 것이라고 예상할 수 있다. 이러한 신적인 개입은 (자연법칙에 의해 완전히 결정되지 않는 우리의 정신적인 삶처럼) 자연법칙이 어떤 결과를 발생시킬지 결정하지 않는 영역에서 일어나거나, 또는 자연법칙이 일시적으로 중단되는 방식으로 일어난다. 우리는 후자와 같은 개입을 기적이라고 부르고, 전자와 같은 개입을 비非기적적 개입이라고 부른다. **기적이란 신에 의하여 발생하는 자연법칙의 위반이나 중단이다.** 만약 신이 존재한다면, 인간의 역사를 통틀어 신이 일으킨 사건들 가운데 자연법칙이 작용한 결과가 아닌 것이 있는가? 물론 인간의 역사에는 신에 의해 발생했다고 생각할 수 있는 많은 사건들이 있지만 우리는 그 사건들이 자연법칙의 결과인지 혹은 그렇지 않은지에 대해서는 전혀 알 수가 없다. 내가 암에 걸린 친구의 건강이 호전되기를 기도했는데, 실제로 내 친구가 낫게 되었다고 가정해 보자. 우리는 그가 암에 걸렸을 때 그의 몸이 어떤 상태였는지 정확하게 알지 못할 뿐만 아니라 암의 진전을 통제하는 자연법칙을 세밀하게 알지 못하기 때문에, 우리는 그 친구의 회복이 자연법칙의 결과로 발생한 것인지 아닌지 알 수가 없다. 이에 대해 경건한 신자는 신이 개입했다고 믿을 것이고 완고한 무신론자는 자연법칙만이 작용했을 것이라고 믿을 것이다. 만일 많은 사건들이 보고된 내용대로 실제로 발생하였다면 인간의 역사는 자연법칙의 결과로는 일어날 수 없었을 많은 사건들에 대한 '기록'을 보유하고 있다. 그렇다면 그러한 사건들은 신에 의해 발생하였다고 예상할 수 있을 것이다. 구약의 열왕기하에는 병에 걸려 의심하는 히스기야 왕이 하나님의 위로, 곧 히스기야 자신이 회복될 것이며 하나님이 앗수르로부터 예루살렘을 구원하실 것에 대한 징표를 구하는 내용이 기록되어 있다. 선지자 이사야의 기도에 대한 응답으로 하나님은 히스기야에게 징표를 주셨는데, 그것은 일영표의 해 그림자가 '10도 뒤로' 물러나는 것이었다(왕하 20:11). 해 그림자가 10도 뒤로 물러나는 것은 (지구가 축을 따라서 자전함으로 인하여 예루살렘을 기준으로 태양의 방향이 정해지는) 역학의 법칙이나, 또는 (태양 광선이 히스기야의 왕궁이 있는 지역에 어떻게 그림자를 형성하는지를 결정하는) 빛의 법칙이 중단될 때에만 발생할 수 있는 일이다. (만일 이 사건이 기술된 대로 일어났다면 기적일 것이지만, 나는 이 사례를 제시함에 있어서 이 사건이 일어났다거나 혹은 일어나지 않았다고 주장하는 것은 아니다.)

우리가 신이 존재한다고 믿을 다른 이유들이 있는 한, 나는 역사 가운데 신이 (우리가 어떤 사건인지는 정확히 알지 못할 수도 있지만) 특정한 사건들에 개입했다고 믿을 [타당한] 이유 또한 가진다고 생각한다. 그러한 사건들은 과학법칙을 반드시 필요로 하지 않으며 기록된 바와 같이 [기적적으로] 일어날 수도 있다. 우리의 전인적인 행복에 관심을 가진 신이 어떤 일이 일어날지를 자연법칙으로 정하지 않은 영역에만, 예컨대 인간의 정신적인 삶에 영향을 주는 일에만 개입한다고 가정한다면, 이러한 제한된 개입은 어색하게 들릴 것이다. 만일 신이 우리와 교통할 타당한 이유가 있다면 그는 때때로 우리의 삶을 주관하는 자연법칙을 중단시키기 위해 개입할 수도 있다. 특히 우리의 건강을 결정하는 신체의 여러 과정은 매우 명백히 결정론적인 자연법칙에 종속되어 있기 때문에 신은 경우에 따라 그러한 법칙에 개입할 이유를 가지게 된다. 이와 반대로 신이 존재하지 않는다고 믿을 타당한 이유가 있다면, 우리는 자연적인 과정이야말로 발생한 어떤 일에 대한 최고 수준의 결정 요인이며 자연법칙에 반하여 일어나는 사건은 하나도 없다고 믿을 수 있는 근거를 가진다. 환언하면 (예컨대 신이 존재한다고 믿거나 혹은 믿지 않는 이유들처럼, 세상이 어떻게 작용하는지에 관한 일반적인 믿음에 대한 근거들인) 배경지식은 (2장을 보면 비록 대부분의 과학적 혹은 종교적 이론들의 가치를 평가하는 데에 중요한 요인은 아니지만) 특수한 경우에 있어서 어떤 일들이 일어났는지를 평가할 때 매우 중요한 요인이다.

물론 배경지식은 어떤 특수한 상황에서 발생한 일에 관하여 무엇을 믿는 것이 합리적인지를 결정하는 강력한 요인이지만 이것만이 유일한 요인이 되지는 않는다. 우리는 발생한 사건을 관찰한 사람들의 기억과, 목격자들이 보았던 것에 대한 증언과, 과거의 사건에 대한 (문서, 고고학적 유적 등의) 물리적 흔적과 같은 구체적인 역사적 증거를 가지고 있다.

과거의 특수한 주장들을 평가하는 일에 있어서 구체적인 역사적 증거보다 **배경지식**이 훨씬 더 큰 비중을 차지해야 한다는 점은 수많은 비종교적인 사례들에서도 나타난다. 하지만 만일 잘 정립된 과학 이론이 우리로 하여금 별들이 때때로 폭발한다는 사실을 예상하게 한다면, 하늘에 있는 잔해들은 폭발한 별에 의해서 생겨났든지 또는 (가능성이 낮지만) 다른 이유에 의해서 생겨났든지 간에 폭발한 별에 의해서 생긴 잔해라고 해석하는 것이 더 합리적일 것이다. 그러나 만일 잘 정립된 이론이 별들은 폭발할 수 없다고 주장한다면, 당신은 그 잔해를 폭발한 별의 잔해로 해석하기 전에 그 잔해들이 다른 원인을 가질 수 없다는 점을 뒷받침할 매우 강력한 증거를 필요로 하게 될 것이다. 하지만 의도적인 기적적 개입을 가정한다면 두 가지 유형의 배경지식이 가능할 것이다. 우선 배경지식은 연관된 자연법칙이 무엇인지에 관한 과학적 지식을 포함할 것이다. 예를 들어, 빛의 법칙과 지구의 자전을 지배하는 법칙은 (자연법칙은 거의 항상 작용하기 때문에) 우리로 하여금 히스기야의 경우와 같은 특수한 상황에서도 그림자가 뒤로 물러나지 않았을 것이라고 예상하게 한다. 그러나 또한 배경지식은 신이 존재하며, 그에게는 때때로 자연법칙의 작용에 개입하여 이를 중단시킬 수 있는 (하지만 어떤 개별적인 사건에도 이러한 개입이 필연적이지는 않다) 능력과 이유가 있다는 증거를 포함할 것이다. 배경지식에 대한 이러한 대립되는 부분들에 관하여 우리는 신이 어떤 특수한 사건에 기적적인 방식으로 개입했다는 것을 증명하는 상당히 특정한 역사적 증거를 필요로 하게 된다. 역사적 증거는 신이 그 특수하고 의도적인 기적을 일으킬 만한 강력한 이유가 있었다는 논증에 의하여 지지될 수 있다.

우리가 명백한 판단에 도달하는 것이 거의 불가능하다는 점을 인정한다면, 어떤 특정한 사건에서 무엇이 일어났는지를 정립하기 위하여 두 종류의 배경지식과 **구체적인 역사적 증거**를 비교하는 작업은 매우 어려운 일이다. 하지만 무슨 일이 일어났는지에 관한 구체적인 역사적 증거는 실재할 수 있다. 종교적으로 큰 의미가 있다고 할 수는 없지만 간단한 비유적인 예를 하나 들어보자. 우리는 누군가가 공중으로부양하는 것(즉 줄이나 자석, 혹은 우리에게 알려진 어떤 다른 힘에 의하지 않고 공중에 떠오르는 것)을 분명히 보았을 수 있다. 또한 어떤 상황에도 거짓말을 할 이유가 전혀 없을 만큼 정직함이 입증된 많은 목격자들도 그러한 사건을 관찰했다고 보고할 수 있다. 심지어 공중부양으로 발생된 물리적 영향이 야기한 흔적들, 예컨대 공중부양하는 몸이 천정에 부딪히면서 생긴 자국이 남아 있을 수도 있다. 그러나 이 모든 것에는 어떤 자연법칙이 있었는지에 대한 배경지식이 여전히 존재하며 이 경우에는 중력의 법칙이 해당된다. 이러한 자연법칙을 선호하는 모든 증거는 공중부양이 일어났던 그 시간에도 중력의 법칙이 작용하고 있었으며, 따라서 공중부양은 일어나지 않았음을 밝히는 증거가 될 것이다.

만일 공중부양이 일어났다고 하는 구체적인 역사적 증거가 하나라도 있다면, 그것만으로도 중력의 법칙이 자연법칙이 아님을 드러내는 근거가 될 것이라는 점을 주목하라. 이는 마치 어떤 금속 조각이 가열될 때 팽창하지 않는다면, 그 사실은 모든 금속이 가열될 때 팽창한다는 주장이 자연법칙이 아님을 드러내는 근거가 되는 것과 마찬가지이다. 그러나 만일 우리의 많은 시도에도 불구하고 우리가 법칙으로 아는 사실에 대한 예외들을 더 발견하지 못한다면, 예컨대 우리가 의도적으로 공중부양이 일어난 환경을 재구성하였는데도 또 다른 공중부양이 발생되지 않는다면, 우리는 비록 공중부양이 이전에 발생하기는 했었더라도 그것은 아직까지 알려지지 않은 어떤 자연법칙에 일치하는 사건이 아니라 오히려 법칙의 위반이나 중단이었다고 믿을 근거가 될 것이다.

이러한 경우에 내 생각에는 우리가 신이 존재한다는 것을 증명할 뿐만 아니라, 이 특수한 상황에서 신이 특별한 기적을 일으킬 매우 타당한 이유를 가지고 있다는 것을 증명할 실질적인 종교적 배경지식을 제시해야 한다. 그렇지 않다면 우리는 그러한 사건이 일어날 수 없다고 하는 과학적 배경지식을 초월하여 실제로 그 사건이 일어났다고 주장하는 구체적인 역사적 증거를 충분히 가지고 있지 못한 것이다. 나는 우리가 공중부양으로 알려진 것의 경우에 그러한 증거를 가질 수 있는지 의문스럽다. 물론 그렇다고 해서 공중부양이 일어나지 않았다고 말하는 것은 아니다. 다만 우리가 공중부양이 어떤 특수한 상황에서 일어났다고 믿을 만한 충분한 근거를 가지고 있지 않다는 것이다. 이 모든 사건에서 우리가 하고 있는 일은 과거에 일어난 사건에 대한 가장 단순한 이론을 찾는 것임에 주목하라. 이 작업은 우리로 하여금 2장에서 서술한 방식대로 우리의 배경지식에 가장 잘 부합하는 (내가 여기에서 구체적인 역사적 증거라고 불렀던) 자료에 대하여 설명할 수 있게 한다.

그러나 나는 신이 기적들 중 일부는 (정확히 어떤 사건인지는 알지 못하지만) 진정한 기적이라는 것을 증명하기 위해서 자연법칙에 반하는 사건들을 일으킬 이유가 있으며, 우리는 이러한 유형의 사건들에 대한 역사적 증거를 충분히 가지고 있다고 생각한다. 고대로부터 현대에 이르기까지 기적이라고 여겨지는 사건들에 대한 많은 보고가 있으며 그중 몇몇 자료들은 문서화가 상당히 잘 되어 있다. 예를 들면, 힉키 D. Hickey와 스미스G. Smith의 『기적』(*Miracle*, 1978)에 실렸던 암에 걸린 글래스고 지역의 한 남성이 치유된 사건, 또는 가드너R. Gardner의 『치유 기적들』(*Healing Miracles*, 1986)에 기술된 여러 실례들이 있다. 이와 대조적으로 기적에 관하여 상당히 회의적인 몇몇 기사를 보려면, 웨스트D. J. West의 『루르드의 11가지 기적들』(*Eleven Lourdes Miracles*, 1957)을 보라. 주어진 사례들 중에서 우리는 역사 속에 개입할 수 있고 또한 개입하기를 원하는 신이 존재한다는 주장을 발견할 수 있으며, 이를 지지하는 상당한 양의 배경지식이 있는 몇 가지 사례들에 대하여 구체적인 역사적 증거를 충분히 가지고 있다. 그러나 물론 독자는 이러한 실례들을 받아들임에 있어서 자신 스스로 그 증거를 숙고해야 한다. 이러한 구체적인 역사적 증거의 사건은 (4장과 5장에서 논의한 증거에 따르면) 그 자체로 신의 존재에 대한 더 진전된 증거이다. 만일 신이 존재하며 그 반대는 생각할 수 없다면 인간은 구체적인 역사적 증거를 가질 것으로 예상되기 때문이다. 만약 발생한 모든 일에 대한 최고 수준의 결정 요인이 자연법칙이라면 우리는 자연법칙이 중단되지 않을 것이라고 예상할 수밖에 없기 때문이다.

이러한 경우에 흔히 우리가 '틀렸을 수도 있다'고 말할 수 있다. 새로운 과학적인 증거는 보고된 그 사건이 자연법칙에 반대되지 않았으며 단지 우리는 그 자연법칙을 오해하고 있었다는 것을 보여줄 수도 있다. 우리는 지금까지 암이 어떻게 진전되는지를 오해했을 수 있다. 예를 들어서 암환자는 때때로 순수한 자연적 과정에 의하여 '저절로' 회복될 수도 있다. 또한 많은 사람들이 누군가가 공중부양하는 것을 목격하였다고 주장한다면 아마 그들 모두가 환각 상태에 빠졌던 것일 수도 있다. 그러나 이성적인 연구자라면 이러한 문제를 다룰 때에 다른 모든 문제를 다룰 때와 마찬가지로 반드시 유효한 증거를 살펴보아야 한다. 만약 그 증거가 자연법칙이 이러이러하다는 것을 보여주고 그 사건이 기술된 대로 발생한 것이라면, 그것은 자연법칙에 대조된다는 것을 보여준다. 또한 새로운 증거는 (다른 모든 유사한 경우에도 가정된 법칙이 참된 법칙이 아닐 수 있기 때문에) 가정된 법칙이 참된 법칙이 아니라는 것을 증명하려는 경향성이 없다는 것을 보여주고, 그 사건이 일어났다고 하는 매우 강력한 역사적 증거(목격자들 등)가 있다는 것을 보여준다면, 기적이 일어났다고 믿는 것은 합리적이다. 물론 우리가 잘못 알고 있었다는 것을 보여주는 [새로운] 증거가 나중에 나타날 가능성이 있다는 점을 인정하더라도 [현재] 우리가 가진 믿음은 합리적이다. '우리가 틀렸을 수도 있다'는 것은 양날의 검과 같아서 **우리는 어떤 사건에 실제로 신적인 개입이 있었음에도 그 사실을 믿지 않는 실수를 할 수도 있고, 그 반대의 실수를 할 수도 있다.**

역사학자들은 종종 자신들이 종교 전통과 관련된 중요한 과거 사건에 대한 특정한 주장들, 예컨대 예수가 행하신 일과 그에게 일어난 사건에 관한 기록을 조사할 때 종교적 혹은 반反종교적 가정을 하지 않는다고 주장한다. 하지만 실제로 대부분의 역사학자들은 그러한 확언에 걸맞은 행보를 보여주지 않는다. 그들은 그러한 일[기적]이 일어나지 않는다는 것을 근거로 삼아 예수가 시각장애인을 치료하신 일과 같은 성경의 주장들을 크게 무시하거나, 또는 (지난 세기 동안 더 일반적으로 받아들여졌던 대로) 성경의 증인들이 특별히 신뢰할 만하다는 이유로 예수가 행하신 일에 대한 증인들의 증언을 곧바로 수용한다. 그러나 다른 모든 탐구 분야에서와 마찬가지로 배경 증거가 조사자에게 영향을 준다는 사실이 고려되어야만 한다. 이를 허용하지 않는 것은 비이성적이다.

만일 신이 존재한다면, 신에게 **자연법칙을 위반한 사건에 대한 구체적인 역사적 증거가 존재**하게 할 이유가 있었다는 것 자체가 **신의 존재에 대한 증거**이다. 이 증거는 비록 그 자체로는 충분하지 않지만 (4장과 5장에서 고려된 유형의) 다른 증거와 함께 신의 존재를 입증하는 데 일정한 기여를 할 수 있다. 다음과 같은 비유를 생각해 보자. 어떤 형사가 범죄를 조사하면서 존스Jones가 그 범죄를 저질렀다는 가설을 세웠다고 해보자. 그 형사의 단서들 중 일부는 어떤 사건의 발생에 대한 증거가 될 것이며, 만약 그 사건이 실제로 발생했다면 그것은 존스가 그 범죄를 저질렀다는 가설을 뒷받침할 증거를 제공할 것이다. 예를 들어, 전자의 증거는 범죄가 일어났던 현장의 근처에서 존스를 보았다고 주장하는 목격자의 증언일 수 있다. 하지만 존스가 범죄 현장에 가까이 있었다고 하더라도 단지 그것만으로는 그가 범죄를 저질렀다는 것을 증명하기에는 빈약하며 훨씬 더 많은 증거를 필요로 할 것이다. 그럼에도 불구하고 목격자들의 증언은 존스가 범죄 현장의 근처에 있었다는 것에 대한 증거이며, 존스가 현장에 있었다는 것은 그가 범죄를 저질렀다는 것에 대하여 어느 정도의 증거가 되기 때문에, 목격자들의 증언은 존스가 저지른 범죄에 대한 다소간의 (간접적인) 증거라고 볼 수 있다. 이와 마찬가지로 자연법칙을 위반한 것을 보았다고 주장하는 목격자들의 증거는 신의 존재를 지지하는 간접적인 증거이다. 왜냐하면 그러한 위반이 발생했다는 것 자체가 신의 존재에 대한 더욱 직접적인 증거일 수 있기 때문이다. 만약 증거 전체가 충분히 강력해진다면 그 증거는 곧 신이 존재하며, 문제의 사건은 단순한 [자연법칙의] 위반이 아니라 신에 의해 일어난 일, 다시 말해 바로 기적이라는 주장을 정당화할 것이다.

계시

신이 역사에 개입하는 이유들 중 하나는 우리에게 만물에 대한 정보를 알려줌으로써 진리를 계시하기 위함이다. 내가 이 책에서 주장하는 것처럼 외부의 도움을 받지 않은 상태에서도 실제로 우리의 이성은 신이 존재할 것이라는 결론에 도달할 수 있으며, 또한 매우 보편적인 도덕적 진리들을 (예컨대 굶주리는 사람이 누구이든지 간에 그들을 먹이는 것은 선하다 등을) 정립할 수 있다. 그러나 인간은 제한된 지적 능력을 가진 피조물이며 자신들이 내린 판단이 환영받지 못하는 경우에는 그러한 판단들을 숨기기에 급급하기로 악명이 높다. 종교적이고 도덕적 문제에 대한 판단은 (종교적이든지 무신론적이든지) 우리가 어떤 판단을 내리더라도 자칫하면 편견에 사로잡히기 쉬운데, 왜냐하면 그러한 판단들은 어떠한 유형의 삶이 가치 있는 삶인지를 결정하는 데 영향을 미치기 때문이다. 그리고 우리는 그러한 판단들을 수용하기를 주저할 수도 있는데, 이는 그것들이 현재 우리의 삶의 방식과 충돌하기 때문이다. **인간은 도움을 필요로 한다**. 우리는 우리의 의무가 무엇이고, 우리의 궁극적인 선이 무엇이며, 그 선을 추구하는 데 필요한 도움과 격려가 무엇인지를 알아야 한다. 그리고 우리와 교통하기를 원하는 신은 또한 우리로 하여금 그 자신을 더 잘 알게 하기 위하여 우리에게 자기 자신에 관한 것들을 명료하게 보여주고 싶어할 것이다. 서양의 주요 종교들은 모두 인간에게 진리를 계시하기 위해 신이 역사에 개입했다고 주장한다. 또한 그 종교들은 통상적으로 신이 인간들 가운데 이러한 진리가 어느 정도는 보전될 수 있도록 특정한 방식의 원리를 확립했다고 덧붙인다. 유대인들은 하나님이 아브라함과 모세와 함께 역사에 개입하셨고, 히브리어 성경(기독교의 구약)에서 진리를 계시하셨으며, 이 진리는 유대 민족에 의해 보존되어 왔다고 주장한다. 기독교인들은 이를 받아들이지만, 주요한 신적 개입은 바로 기독교회의 성경(신약과, 신약의 관점으로 이해되는 구약)에 보존된 것을 우리에게 계시해 주신 예수 그리스도의 개입이었다고 강조한다. 이슬람교 역시 유대교의 주장과 심지어 기독교의 주장까지도 어느 정도는 인정하지만, 무하마드를 마지막 선지자로 선포하고 그에게서 계시가 정점에 이르렀으며, 그 계시는 쿠란에 기록되어 이슬람 공동체에 의해 보존되어 왔다고 말한다.

우리는 서로 경쟁하는 주장들 사이에서 어떻게 판단해야 하는가? 두 가지의 방법이 있다. 첫째, 우리는 각 종교들이 중심적인 계시 교리라고 주장하는 것에 대하여 다른 기준에서 살펴볼 때에도 타당성이 유지되는지에 따라 판단할 수 있다. 만일 어떤 종교가 쾌락을 추구하기 위하여 대규모의 약탈과 강간을 옹호한다면 그 종교는 참된 종교가 될 수 없다. 그러나 우리가 다른 기준에서 볼 때 진리라고 여기는 것과 일치한다거나 혹은 충돌한다는 이유로 계시에 관한 어떤 특정한 주장에 대해 결정적인 판단을 내릴 수는 있지만, 그것을 일반화하여 적용시킬 수는 없다. 신이 어떤 존재이며 무엇을 행했는지에 관한 계시라고 불리는 주장들은 우리로 하여금 그 계시가 참된 것인지 혹은 거짓된 것인지를 믿는 사안에 있어서 강력하고 독립적인 근거를 제공해 주지 않는다. 우리의 순수한 이성만으로는 도저히 발견할 수 없는 심오한 일들을 알려주는 것이 계시의 목적이다. 우리가 또한 필요로 하는 것은 계시된 것이라고 주장되는 일들이 실제로 신으로부터 온 것인가에 대한 다른 유형의 보장성guarantee이다. 비유를 들자면, 일반인들은 원자의 구성에 대해 물리학자가 주장하는 내용을 스스로 검증할 수 없다. 그들이 요구할 수 있는 것은 자신들이 들은 정보가 전문가에게서 나온 것인지에 대한 보장뿐이다. 신으로부터 왔다고 여겨지는 계시의 경우, 그 보장은 자연법칙을 위반하는 형태로 나타나야만 하는데, 이는 의도적으로 계시의 선포를 발전시키고 완성시키기 위함이다. 자연법칙을 위반하는 행위는 사물들이 각자의 힘과 성향을 따라 행동하도록 자연법칙을 유지시키는 존재, 다시 말해 오직 신에 의해서만 일어날 수 있다. 그렇다면 이 경우에 그 위반은 기적이 될 것이다. 사물들의 힘을 유지시키는 존재만이 사물들의 힘을 중단시킬 수 있다. 그리고 자연법칙의 중단이 의도적인 계시의 선포를 발전시켜서 정점에 이르게 한다면, 이것이 바로 계시에 대한 신의 보증인 것이다.

기독교의 계시

이 책에서 이번 장을 전후로 등장하는 논증들은 유대교, 이슬람교, 그리고 기독교에서 공통적으로 인정하는 신의 존재를 독자들에게 납득시키고자 언급한 것일 뿐이며, 이 종교들이 신에 관해 경쟁적으로 내어놓은 주장들을 판단하려고 하는 것은 아니다. 그럼에도 한 가지는 분명히 지적하고자 하는데, 나는 개인적으로 세계의 주요 종교들 중에서 유일하게 기독교만이 구체적인 역사적 증거에 기반하여 기적에 대해 진정성 있는 주장을 펼친다고 생각한다. (힌두교와 같은) 동양 종교들도 때때로 신적인 개입을 주장하기는 하지만, 오랜 역사의 흐름 가운데 목격자들이나 목격자들과 대화를 나누어 본 저자들을 많이 생산해 낼 정도의 개입은 아니었다. 이와 마찬가지로 비록 유대교는 특별히 모세와 출애굽 사건을 연결시켜 신적인 개입을 주장하지만, 그에 대하여 우리가 가진 정보는 사건이 발생하고 긴 시간이 흐른 후에 기록된 것이다. (설령 이 사건들이 기록된 대로 일어났다고 하더라도 그것들을 기적이었다고 할 수 있는지의 여부는 불확실하다. 출애굽기 14장 21절에서 묘사하는 홍해가 동풍으로 인하여 갈라지는 현상은 자연적인 요인들로도 쉽게 설명할 수 있다.) 그리고 무슬림들은 이슬람교의 기초가 어떠한 기적에 의해서가 아니라 다만 쿠란이 기록됨으로 말미암아 세워졌다고 주장한다. 물론 쿠란이 대단한 책이기는 하지만, 이러한 책이 쓰여질 때 반드시 특별한 신적 개입이 필요한 것인지는 분명하지 않다.

이와 대조적으로 **기독교의 토대는 예수의 부활이라는 기적에 의해 세워졌다**. 만일 신약 성경이 기록한 대로 36시간 전에 십자가형을 당하여 죽은 사람이 다시 살아났다면, 이는 분명히 자연법칙의 중단을 포함하는 사건이며, 신이 존재한다면 그에 의해서 일으켜진 기적이라고 할 수 있다. 신약 성경에 있는 대부분의 책들은 예수의 생애와 죽음에 함께했던 사람들이 생존해 있을 때 쓰인 것이다. 성경의 각 권에서 여러 기자들은 막달라 마리아, 다른 여인들, 그리고 사도들이 빈 무덤을 보았다고 주장한다. 성경 기자들과 다른 많은 사람들은 실제로 부활하신 예수를 보았으며, 그분과 함께 대화를 나누고 식사를 했다. 예수의 몸은 절대로 새로 만들어진 것이 아니다. 실체적인 증거가 있는 위대한 기적에 대하여 우리는 진지하게 역사적인 주장을 내세운다. 지난 2,000년 동안 셀 수 없이 많은 책들이 이 역사적 증거가 얼마나 강력한지를 설명했기 때문에 독자들은 스스로 이 책들에 담긴 논의들에 익숙해지도록 노력해야 할 것이다. 하지만 그러한 과정을 거칠 때에 내가 앞서 언급했던 세 가지 논점들을 염두에 두는 것이 중요하다.

첫 번째 논점은 **배경지식을 고려하는 것이 합리성의 특징**이라는 것이다. 이 경우 역사에 개입할 능력과 의지가 있는 신이 존재하는가에 대한 다른 증거를 살펴보아야 한다.

두 번째 논점은 **신이 부분적으로는** 자신에 관한 **진리를 계시하기 위하여** 역사에 **개입할 이유가 있음**을 고려해 볼 때, 부활의 진리에 대한 증거는 타당성을 포함하거나 또는 예수 그리스도와 교회 전통이 가르친 (부활 사건의 근간이 되는) 중심 교리를 반드시 포함해야 한다. 물론 앞에서도 서술했듯이, 우리는 일반적으로 그러한 중심 교리들이 참이라고 믿을 것인지 혹은 거짓이라고 믿을 것인지에 대해 결정적이고 독립적인 근거를 가지고 있지 않다. 왜냐하면 계시의 목적 자체가 우리 스스로는 깨달을 수 없는 일을 우리에게 알려주는 것이기 때문이다. 그러나 신이 존재한다면, 우리는 그가 어떤 존재인지, 그가 무엇을 행했는지, 우리가 어떻게 행동해야 하는지에 관한 특정한 교리에 대하여 (그 자체로는 충분하지 않지만) 참이라 믿을 만한 근거를 어느 정도 가질 수 있다. 만약 우리가 이러한 근거를 가진다면 그 근거가 유효한 범위 내의 교리는 타당성을 가진다. 나는 우리가 기독교의 중심 교리들, 곧 선이 무엇인지를 해석하는 산상수훈의 가르침, 삼위일체의 교리, 그리고 예수에 대한 교리, 즉 그는 하나님이 성육신(사람이 되신 하나님)하신 존재이며, 그의 생애와 죽음은 어떤 방식으로든 우리의 죄를 위한 속죄제물이었다는 교리에 대해 타당한 근거를 가진다고 믿는다. 이러한 근거들을 제대로 다루기 위해서는 또 다른 책을 한 권 써야 할 것이다. 내가 생각하는 유형의 근거는 성육신의 경우를 [예로 들어] 설명하면 보다 간략하게 소개될 것이다. 우리는 6장에서 신이 더 큰 선을 위하여 우리에게 많은 고통을 감내하도록 허용할 이유가 있다는 것을 다양한 방식으로 살펴보았다. 만일 어떤 부모가 다른 사람들의 공익을 위하여 자녀를 심각한 고통에 처하게 한다면, 부모가 고통을 받는 자녀와 연대하여 책임감을 보여주는 것은 선한 것일 뿐만 아니라 동시에 의무적인 것이다. 예를 들어, 나의 조국이 부당하게 공격을 받았고, 이에 정부는 나라를 지키기 위해 징병제를 도입하여 군대를 양성한다고 가정해 보자. 18세에서 30세까지의 젊은 남자들은 전부 '징집'될 것이고, 50세 이하의 장년 남성들은 자원하여 입대할 것이다. 그런데 정부는 18세에서 21세의 아들을 둔 부모에게는 징병 '거부권'을 행사할 권리를 부여했고, 지금 나에게 19살인 아들이 있다고 가정해 보자. 비록 대부분의 부모들은 그들의 젊은 아들을 위하여 '징집'을 거부할지라도 나는 국가의 자주권을 위협하는 이 사태가 중차대하기 때문에 거부권을 행사하지 않을 것이다. 또 한편으로 내가 45살이고, 따라서 입대해야 할 법적 의무가 없다고 가정해 보자. 그렇지만 나는 내 아들에게 군복무의 어려움과 위험을 감내하도록 강요하기 때문에 나도 마땅히 자원하여 입대할 도덕적 의무를 내 아들에 대하여 가진다. 따라서 이처럼 **우리에게 더 큰 선을 위하여 큰 고통을 부과하는 신은** 자신이 우리에게 요구하는 그 어려움을 공유하기 위하여 **성육신할 것**

이라고 예상할 수 있다. 이것이 바로 신적인 개입이 단지 기적의 형태로만 일어나지 않고 신 자신이 인간의 삶을 사는 형태로 나타나야 하는 이유이다. 그러므로 계시가 신이 성육신하였다고 알려준다면, 이는 그 계시가 참이라고 믿을 만한 온건한 근거가 된다. 기독교의 교회는 하나님이 예수라는 인간으로 사셨고 고난을 받으셨다고 (예수가 많은 고통을 겪으셨다는 것에 대한 독립적인 증거들이 많다) 가르치기 때문에, 교회의 교리가 하나님으로부터 입증되었으며 예수가 죽은 자들 가운데서 살아나셨다는 것을 믿을 만한 근거가 된다. 물론 반대로, 어떤 독자가 가정하기를 신이 존재할 경우에 이러한 교리들은 신에 대한 참된 교리가 아닐 것이라고 한다면, 이는 그 교리들이 신에 의해 계시되지 않았다고 가정할 근거가 되며, 따라서 이러한 교리들을 확증하는 사건이라고 주장된 일[부활]은 실제로 일어나지 않았을 것이다.

셋째로, **기독교의 계시에 대한 주장은 반드시 다른 종교들의 계시에 대한 주장과 비교해서 보아야 한다.** 만약 다른 종교의 맥락에서 보았을 때 신이 반대되는 내용을 계시했다고 가정할 (종교의 토대가 되는 기적에 관한 고유한 타당성 혹은 역사적 근거 등의) 이유가 있다면, 이것 역시 기독교의 계시가 참이 아니며, 따라서 기독교를 태동시킨 사건은 일어나지 않았다고 가정할 근거가 된다. 지식은 하나의 큰 거미줄과 같아서 한 연구 분야에서의 관찰이 처음에는 사뭇 다르다고 여겨질 수밖에 없는 분야에도 영향력을 끼칠 수 있다. 다시 언급하지만 나는 개인적으로 기독교를 제외한다면 그 어떤 주요 종교들도 특정한 역사적 증거들에 기반하여 계시의 진리에 대한 진정성 있는 주장을 펼칠 수 없다고 생각한다. 그렇지만 [기독교의] 계시가 다른 기준들에 비추어 보았을 때 타당하지 않다면 우리는 기독교 또한 거부하고 다른 종교를 살펴보아야 할 것이다.

결론적으로 만일 독자들이 기독교의 토대가 되는 기적인 부활에 대해 많은 역사적 증거들이 있다는 나의 판단과 기독교의 가르침이 어느 정도 타당성을 (빈약할지라도) 가진다는 사실을 받아들인다면, 그러한 자연법칙의 위반은 신이 존재할 경우에 예상할 수 있는 현상이기 때문에 기적을 옹호하는 증거 또한 신의 존재에 대한 추가적인 증거가 된다. 이 결론은 실질적인 배경지식이 없이도 많은 역사적 증거는 기적이 발생했다는 사실을 확증하기에 충분하며, 이는 여러분의 동의 여부와 상관없이 유효하다. 나는 예수의 부활의 증거와 기독교의 가르침의 타당성에 대한 나의 평가를 이 책의 후속작인 『예수는 신인가』(*Was Jesus God?*)에서 살펴보았다.

서양 종교에서 (비록 유대교의 모든 종파가 가르치는 것은 아니지만) 공통적으로 발견되는 계시의 내용 중 하나는 바로 **죽음 이후의 삶에 관한 교리**이다. (이 교리는 동양 종교에서도 가르치지만 이들 중 대다수는 내세의 삶에서 신이 큰 비중을 차지한다고 가르치지는 않는다.) 우리 인간은 다시 살아날 것이며, 우리가 이 세상에서 어떻게 살았는지에 따라 그때의 삶이 결정될 것이다. 만일 우리가 선한 사람이 되고 신을 알기로 결심한다면, 우리는 자연스럽게 앞으로 올 세상에서 그를 직관直觀하기에 합당한 사람이 될 것이며 신은 우리에게 그 직관을 베풀어 줄 것이다. 그러나 만일 우리가 선과 신을 추구하지 않기로 결정한다면, 신도 우리의 선택을 존중하고 우리에게 신이 없는 삶을 허락할 것이다. 나는 이러한 교리가 본질적으로 타당하다고 생각한다. 왜냐하면 전선한 신은 결국 우리의 선택, 곧 우리가 어떠한 사람이 되고자 하며 어떠한 삶을 살고자 하는지를 존중해 줄 것으로 여기기 때문이다. 비록 이생에서의 삶에도 큰 선이 있지만, 이보다 더 대단하고 지속성 있는 선을 원하는 사람들을 위하여 신은 분명히 그러한 것[영생]을 예비해 놓았을 것이다. 그러므로 서양의 주요 종교들이 죽음 이후의 삶에 대한 교리를 가르치고 있다는 사실은 각 종교들과 공통된 내용을 위한 증거로 여겨진다.

종교적 경험

전능하고 전선한 창조주는 그의 피조물과 교통하기를 원하며 그중에서도 특히 신을 알 수 있는 인간들과 교제하기를 바랄 것이다. 우리가 보았듯이 신은 이 공적인 세계와 교통할 이유가 충분히 있는데, 신이 때로는 특별한 요구를 담은 우리의 기도에 응답함으로써 이 세계에 영향을 미치기 때문이다. 또한 신은 우리가 간절히 필요로 하는 계시의 진실성을 증명하기 위해 개입할 이유가 있다. 신은 공동체에 계시를 수여하기 위해 이를 공적인 일로 만들 필요가 있는데, 이는 공동체가 공적인 토론을 통하여 (눈에 띄는 사소한 모순점들을 해소하고) 그 계시된 내용들을 실천으로 옮기며 공동의 노력을 통해 계시를 전파하는 선택을 내리게 하기 위함이다. 선을 추구하기 위하여 협력하는 것 역시 부가적인 선이다. 또한 신은 우리 개개인을 개별적 피조물로서 사랑하기 때문에, 특정한 개인에게 자신을 드러내고 그들에게 개인적인 일들(예컨대 어떤 소명을 가지게 될 것인지 등)을 알려주기 위해 (자연법칙을 위반하지 않는 비기적적인 방식으로) 개입할 이유가 있다. **혹자는 신을 분명하게 체험한다는 의미에서 종교적 경험이 존재한다고 예상할 것이다.** 이는 신을 경험하는 것에 의해 영향을 받는 체험을 의미한다. ('종교적 경험'이라는 표현은 매우 다양한 종류의 경험을 묘사하기 위해 사용되지만, 현재의 논의를 위해 나는 이를 신에 대한 체험의 의미로 한정시킬 것이다.)

우리는 사물에 대한 경험(지각)을 두 가지 방식 중에 한 가지로 서술할 수 있다. 하나는 '그것은 무엇이다'라는 방식이고, 다른 하나는 우리가 오류에 빠지지 않도록 주의해야겠지만 (일반적인 단어로) '그것은 무엇으로 여겨진다 또는 나타난다' 혹은 (연관된 감각을 명시하는 단어로) '그것은 어떻게 보인다, 들린다, 느껴진다, 맛이 난다, 냄새가 난다'라는 방식이다. 예를 들어, 나는 '내가 책상을 지각한다' 혹은 '나는 책상을 지각하는 것으로 여겨진다' 혹은 '책상이 여기에 있는 것으로 나에게 여겨진다(시력과 연관된 감각이므로 '보인다'도 가능하다)'라고 말할 수 있다. 여기서 '여겨진다', '나타난다', 그리고 '보인다'라는 동사의 두 가지 다른 용법을 주목해 보아야 한다. 내가 어떤 각도에서 둥근 동전을 본다면, 나는 '동전이 둥글게 보인다' 혹은 '동전이 타원형으로 보인다'라고 말할 수 있겠지만, 이 두 경우에서 내가 '보인다'라고 말한 것은 매우 다른 의미를 가진다. 이 맥락에서 '동전이 둥글게 보인다'라는 말은 동전이 보이는 방식에 기초하여 나는 그 동전이 둥글다고 믿고 싶은 경향이 있다는 것을 의미한다. 반면에 이 맥락에서 '동전이 타원형으로 보인다'라는 말은 일반적으로 타원형의 사물이 보이는 방식으로 (다시 말해, 위에서 보았을 때 보이는 방식으로) 그 동전이 보인다는 것을 의미한다. 철학적 용어로 표현하자면, 전자의 의미는 **인식**

적epistemic 개념이고 후자의 의미는 **비교적**comparative 개념인 것이다. 이러한 동사의 인식적 의미는 우리가 사물의 본질이 어떠하다고 믿고 싶은 경향을 서술하고, 비교적 의미는 사물이 일반적으로 보이는 방식과 비교함으로써 해당 사물이 보이는 방식을 서술한다. 예를 들어, '그것이 나에게 푸른색으로 보인다'라는 말의 인식적 의미는 그 사물이 그렇게 보이는 방식에 기초하여 그것이 푸르다고 믿고 싶은 나의 경향을 뜻한다. 반면에 '그것이 나에게 푸른색으로 보인다'라는 말의 비교적 의미는 그것이 나에게 푸른 사물이 일반적으로 (즉, 일반적인 빛이 비추어졌을 때) 보이는 방식으로 보인다는 것을 뜻한다.

(인식적 의미에서의) 외견적 경험apparent experience이 (분명한 지각이 참되게 발생하는) 실제적 경험이 되기 위해서는 외견적 경험을 야기한 그 사건이 실제 일어난 사건이어야 한다. 예컨대 책상에 대한 나의 외견적 지각은 책상이 (빛을 반사하여) 내 눈에 상像을 맺히게 함으로써 나로 하여금 분명한 지각을 가지게 할 때 실제적 지각이 된다.

그러므로 수십억에 달하는 사람들이 옳고 그름을 떠나 어떤 방식으로든 자신의 삶 속에서 한두 번은 (인식적 의미에서) 신의 존재와 섭리를 의식했을 것으로 보인다는 점은 분명하다. 설문조사에 의하면 이 현상은 과거 세대는 물론이고 현대에서도 무수한 사람들에게서 발견된다. (종교적 경험의 편재성에 관해서는 데이비드 헤이David Hay의 『오늘날의 종교적 경험』(*Religious Experience Today*, 1990)의 5-6장과 부록을 참고하라.) 물론 그들이 착각에 빠졌던 것일 수도 있지만 그들은 보여졌던 대로 인지했을 뿐이다. 이제 **내가 신뢰의 원칙**principle of credulity**이라고 부르는 합리성의 기본 원리에 따르면, 우리는 우리의 경험이 틀렸다는**

증거가 있지 않은 이상 사물을 (인식적 의미에서) 보이는 그대로 믿어야 한다. (나는 2장에서 이 원리를 논의하지는 않았다. 왜냐하면 2장에서는 관찰의 범위를 넘어서는 사물이 아닌, 공식적으로 인정을 받을 수 있는 사건만을 다루었기 때문이다. 이제 여기에서는 우리의 개인적인 체험을 어떻게 평가해야 하는지를 다루려고 한다.) 만일 내가 탁자를 보고 있거나 내 친구의 목소리를 듣고 있다고 인지한다면, 나는 내가 속고 있다는 것에 대한 증거를 발견하기 전까지는 이 사실을 믿어야 한다. 누군가 그 반대를 말한다면, 즉 신뢰할 수 있다고 판명되기 전까지는 나타난 현상을 절대로 믿지 말라고 한다면 당신은 어떠한 믿음도 가질 수 없을 것이다. 어떠한 현상이 신뢰할 만하다는 것을 더 많은 현상을 보여주는 방법 외에 무엇으로 증명할 수 있겠는가? 그리고 당신이 기존의 현상을 믿을 수 없다면 추가적으로 새롭게 주어진 현상들까지도 믿을 수 없을 것이다. 당신이 당신의 오감五感을 일상적으로 신뢰해야 하듯이 종교적 감각을 신뢰하는 것 역시 동등한 정도로 이성적이다.

이에 대하여 반대자는 당신의 오감이 (예컨대 당신의 시각이) 다른 사람들의 감각과 일치하기 때문에, 즉 당신이 보고 있다고 주장하는 것을 그들 역시 보고 있다고 주장하기 때문에 당신이 믿는 것이라고 말할 수 있다. 하지만 당신의 종교적 감각은 다른 사람들의 감각과 일치하지 않는다. (그들은 당신이 가진 종교적 경험을 전혀 가지지 않거나 또는 종교적 경험을 가지더라도 당신과 동일한 종류의 경험을 가지지 않는다.) 그러나 이성적인 사람이라면 다른 사람들이 무엇을 경험했는지를 알기 위해서 신뢰의 원칙을 적용한다는 사실을 깨닫는 것이 중요하다. 설령 당신의 감각을 확인해 줄 수 있는 관찰자가 없다고 하더라도 당신은 스스로의 감각을 정당하게 신뢰한다. 그리고 만일 당신이 보고 있다고 여기는 것을 자신도 보고 있다고 여기는 또 다른 관찰자가 존재한다면, 당신은 그 이후로 그가 그렇게 말했다는 것을 기억할 수밖에 없다. 이는 곧 당신이 현재 확증이 없이도 당신의 기억을 (즉, 그가 말한 것을 당신이 들었다고 상기하는 것을) 의존한다는 의미이다. 여하튼 종교적 경험이 (신의 본성과 그의 특별한 의도에 대한 정밀하고 구체적인 의식까지는 아니더라도) 우리 자신을 넘어서서 우리의 삶을 인도하는 권능에 대한 보편적인 의식이라면 [우리의] 종교적 경험은 때때로 수많은 타인의 종교적 경험과 실제로 일치한다. 만일 이러한 경험을 가지지 못한 사람들이 있다면, 그들이 종교적 실재를 깨닫지 못하는 사람들임을 시사하는 것이다. 예를 들어, 색깔을 구별할 수 없는 사람이 존재한다는 사실은 색깔을 구별할 수 있다고 주장하는 대다수의 사람들이 틀렸음을 증명하는 것이 아니라 단지 그 사람이 색맹이라는 것을 나타낼 뿐이다. 특정한 조형물에서 멀리 떨어진 일부 여행객들이 그 조형물을 보지 못한다는 사실은 그 조형물을 볼 수 있다고 주장하는 대다수의 여행객들이 틀렸음을 의미하지 않는다. 이러한 경우, 여행객들의 시력에 대한 추가적인 증거를 확보하기 전까지는 전자의 여행객들이 좋지 않은 시력을 가졌다고 믿는 것이 더 합리적이다. 만일 법정에서 세 명의 증인이 (각각 독립적으로) 특정한 거리에서 특정한 시간에 용의자를 보았다고 주장하고, 그 거리에 그 시간에 있었던 또 다른 세 명의 증인은 그를 보지 못했다고 주장한다면, 다른 사안들이 모두 같을 경우 일반적으로 법정에서는 용의자가 그 장소에 있었으며, 후자의 세 증인은 그를 특별히 의식하지 않았다고 판단할 것이다. 명백한 반증이 없을 경우 우리는 사물을 보이는 대로 믿으며 이것이 바로 세계를 이해하는 인간의 기초적인 지식이다. 누군가 신에 대한 경험을 가지고 있다고 여긴다면 그는 자신이 틀렸다는 증거가 생기지 않는 이상 그 경험을 가진다고 믿어야 한다. 여기서 **내가 증언의 원칙**principle of testimony**이라고 부르는 합리성의 또 다른 기본 원리에 따르면, 특정한 유형의 경험을 해보지 못한 사람들은 그 유형의 경험을 해보았다고 주장하는 사람들을** (그들이 속았거나 착각했다는 증거가 없는 이상) **믿어야 한다.** 만일 다른 사람들이 자신의 경험을 말할 때마다 우리가 사실 여부를 확인해야만 그 주장을 신뢰할 수 있다면, 역사와 지리와 과학 등에 대한 우리의 지식은 거의 존재하지 않을 것이다. 증언의 원칙에 의하면 종교적 경험이 있는 사람들의 보고report는 종교적 경험이 없는 사람들에게까지 유효하기 때문에, 이에 대하여 신뢰의 원칙을 또한 적용시킬 수 있다. 우리는 반증이 없는 이상 다른 사람들이 사물에 대하여 주장하는 바를 그대로 믿어야 한다. 물론 우리는 보통 [무의식적으로] 그렇게 가정하고 있다. 우리는 다른 사람들이 거짓말을 하거나 스스로를 속이거나 단순히 잘못 관찰했다고 추정할 근거가 있지 않은 이상 그들의 보고를 신뢰한다. 따라서 우리는 다른 사람들이 보고하는 종교적 경험에 대해서도 동일하게 신뢰해야 할 것이다.

신뢰의 원칙에 의하면 우리는 **우리가 틀렸다는 증거가 있지 않은 이상** 사물을 보이는 그대로 믿어야 한다. **그러한 반증에는 세 가지 유형이 있다. 첫째로**, 우리는 신뢰할 수 없는 지각을 산출하는 것으로 확실히 여겨지는 조건 아래에서 외견적 지각이 만들어졌다는 것에 대한 증거를 가질 수 있다. 만일 내가 90미터 정도 떨어진 곳에서 책의 쪽수를 확인할 수 있다고 주장한다면 여러분은 당연히 나의 말을 믿지 않을 것이다. 우리는 경험을 통하여 그렇게 먼 거리에서 (만일 30센티미터 정도 떨어진 곳에서 책의 쪽수를 확인한다면 우리 중 대다수의 관찰 기록이 서로 일치하겠지만) 책을 읽을 수 있다고 주장하는 사람들이 실제로는 책의 내용을 정확하게 보고할 수 없다는 것을 알기 때문이다. 마찬가지로 LSD와 같은 마약의 영향을 받고 있는 사람들의 외견적 지각은 마땅히 배제된다. (마약의 영향을 받지 않은 다른 많은 사람들에 의해 관찰된 사실과 비교해 보았을 때) 우리는 그들의 지각을 신뢰할 수 없기 때문이다. 하지만 대부분의 종교적 경험은 이러한 기준에 저촉되지 않는다. 종교적 경험은 마약류의 영향을 받은 상태에서나 혹은 신뢰할 수 없는 경험을 산출하는 것으로 확실히 여겨지는 조건 아래에서 체험되는 것이 아니다.

둘째로, 우리는 사물이 우리에게 보이는 것과 같지 않다는 특수한 경우에 대한 증거를 가질 수 있다. 예를 들어, 나는 자신의 머리를 겨드랑이에 끼고 가는 남자를 보았다고 생각할 수 있다. 그러나 사람의 능력에 대한 나의 지식을 동원하여 볼 때 이렇게 행동할 수 있는 사람은 없기 때문에 나는 당연히 내가 환각 상태를 겪고 있다고 여길 것이다. 이번 장의 서두에서 보았듯이 이 기준은 우리가 관찰하는 이 세상이 어떻게 움직이는가에 대한 배경지식이며, 특정한 공적 사건들에 대한 주장을 평가할 때 사용된다. 이와 마찬가지로 만일 신이 존재하지 않는다는 확실하고 강력한 증거가 있다면 우리는 신에 대한 외견적 경험을 신뢰해서는 안 될 것이다. 나는 이 '강력한'이라는 단어를 강조하고 싶다. 만일 우리가 지금 믿고 있는 사실들이 실제로는 틀렸을 가능성이 적게나마 있기 때문에 우리의 감각들을 신뢰할 수 없다고 한다면 우리는 항상 우리가 처음 믿은 것들만 계속해서 믿어야 할 것이다. 예를 들어, 당신이 어제 나에게 오늘 아마도 런던에 갈 것이라고 말했다고 가정해 보자. 그런데 당신이 런던에 있을 것이라는 약간의 확신을 가진 상태에서, 내가 당신을 옥스퍼드에서 분명히 보았다고 여긴다면, 나는 당신이 오늘 [런던이 아닌] 옥스퍼드에 있다는 것을 믿기 위하여 나의 감각들을 신뢰해야만 한다. (또한 나는 당신이 원래 런던으로 가려고 했던 계획을 바꾸었다고 믿어야 한다.) 당신이 [런던행] 기차를 타는 것을 보고, 그 기차가 떠난 것을 확인하고, 당신이 웨스트민스터 사원의 시계탑 소리가 들려오는 곳에서 나와 통화를 하지 않는 이상, 나는 당신을 옥스퍼드에서 보았다고 여기는 나의 감각들을 의심해서는 안 될 것이다. 종교적 경험의 경우도 동일하다. 만일 우리가 신이 존재하지 않는다고 가정할 만한 강력한 근거가 있다면 우리는 우리의 종교적 경험을 그저 환각이라고 여기며 무시해야 할 것이다. 그러나 현재까지는 신의 존재를 부정하는 근거들이 강력하지 않고 오히려 모호하기 때문에 우리의 경험은 (우리 자신이나 다른 많은 사람들의 경험은) 신의 존재를 지지하는 데 결정적인 역할을 한다.

셋째로, 외견적 경험이 직접적이든 간접적이든 그 경험을 일으킨 것으로 알려진 대상에 의해 발생하지 않았다는 증거가 있을 수 있다. 만일 내가 존John이 특정한 시간에 혼자서 상점에 있는 것을 보았다고 생각했는데, 그 시간에 상점에 있었던 사람은 존의 쌍둥이 동생이었다는 것이 나중에 밝혀졌다고 가정해 보자. 그렇다면 나에게 그 경험을 일으킨 것은 존의 쌍둥이 동생으로부터 풍기는 [존의 외모와 유사한] 외견적 지각이며, 존은 나의 경험을 일으키는 데 관여하지 않았다고 할 수 있다. 따라서 당신이 특정한 종교적 경험을 발생시킨 원인들 가운데 신이 포함되지 않음을 증명할 수 있다면, 이는 곧 신에 대한 경험이 참되지 않음을 드러내는 것이다. 그러나 신에 대한 경험이 참되지 않음을 증명할 수 있는 유일한 방법은 신이 존재하지 않음을 증명하는 것이다. 왜냐하면 신이 존재할 경우, 그는 우리의 모든 경험들을 산출하는 모든 인과적 원리들을 보존할 것이기 때문이다. 어떤 종교적 경험은 오랜 기간 금식할 때 생긴다고 가정해 보자. 하지만 종교적 경험을 위해 금식한다는 사실에 근거하여 금식하는 사람들이 종교적 경험을 하는 데 신이 관여하지 않는다는 것이 증명되지는 않는다. 왜냐하면 신이 존재할 경우, 금식이라는 규율을 통하여 그러한 [종교적] 경험을 일으키는 존재가 바로 신일 것이기 때문이다. 내가 경험을 갖는 데 어떤 과정이 인과적 역할을 하였다는 단순한 사실에는 그 경험이 환상인지 혹은 실제인지 증명하려는 경향성이 없다. 예를 들어, 마약은 나로 하여금 실재하지 않는 것을 보게 하거나 또는 내가 [이전에 보지 못했던] 실재하는 것을 보게 할 수 있다. 만일 신이 존재한다면, 그는 후자의 경우처럼 금식이나 다른 규율들을 통하여 종교적 경험을 할 수 있게 역사할 것이다. 요약하자면 다른 모든 경험들의 경우처럼 종교적 경험에 있어서도 일반적으로 수용되는 경험을 믿지 않아야 할 근거를 제시할 책임은 그 경험을 의심하는 사람에게 있다. **종교적 경험에 대한 주장을 무효화할 수 있는 유일한 방법은 신이 존재하지 않는다는 강력한 증거를 보여주는 것이다.** 즉, 강력한 반증이 주어지지 않는 이상 종교적 경험은 신이 존재한다는 사실에 대하여 훨씬 더 의미

있는 증거를 제공한다.

오직 종교적인 사람들만이 종교적 경험을 한다고 생각하는 것은 충분히 타당하다. 하지만 항상 그런 것은 아니다. 물론 이미 종교 전통에 익숙한 사람들이 종교적 경험을 가진다는 것은 거의 변함없는 사실이다. 그리고 어떤 사람들에게는 종교적 경험이 그들의 종교 전통을 보존하는 역할을 한다. 그러나 이 사실이 종교적이지 않은 사람들은 종교적 경험을 하지 못한다는 것을 의미하지는 않는다. 우리가 '무엇'에 대해 알지 못하는 이상, 우리는 그 '무엇'에 대한 경험으로 여겨지는 경험을 할 수가 없다. 예를 들어, 전화기가 무엇인지 아는 사람만이 전화기를 인지할 수 있다. 당신이 전화기가 무엇인지 알기 위해서는 다음과 같은 절차를 거쳐야 한다. 누군가 당신에게 전화기를 보여주고 나서 당신이 다시 전화기를 보았을 때 인식을 하거나, 또는 누군가 당신에게 전화기에 대한 설명서를 준다면 이후에 전화기를 보았을 때 당신은 그것을 전화기로 인식할 것이다. (신에 대한 경험의 통로가 된다고 여겨지는 우리의 감각을 통하여 이루어지는) 종교적 경험과 관련하여 살펴보면, 우리는 신이 어떤 존재인지 깨닫게 해주는 종교 전통을 통하여 신에 대한 경험이 무엇인지를 배울 수 있다. 우리는 이 책 1장에서 신의 본질에 관한 형식적 설명을 살펴보았으며, 신을 체험했다고 주장하는 사람들의 이야기들이 담긴 종교 전통은 그러한 형식적 설명에 대한 더욱 구체적인 진술을 제공한다. 따라서 이를 통하여 우리가 신에 대한 경험을 하게 된다면 그 경험이 어떤 것일지 미리 예상해 볼 수 있다. 이 경우 우리에게 필요한 것은 그 경험을 [종교적 경험으로] 인식할 수 있는 충분한 이해력이다. 물론 우리는 종교적 경험에 대한 완전한 설명을 그 경험 이전이나 이후에 하지 못할 수도 있다. (사무엘상 3장에는 신을 체험했지만 다른 사람[대제사장 엘리]이 말해주기 전까지는 그것이 신에 대한 경험인지 깨닫지 못했던 어린 사무엘의 유명한 일화가 기록되어 있다.)

현대의 종교적 경험에 관한 연구들을 확인하려면, '알리스터 하디 연구소'Alister Hardy Research Centre의 '종교경험연구재단'에서 제작된 몇 가지 자료들을 살펴보라. (예컨대 티머시 비어즈모어Timothy Beardsmore의 『임재의식』(*A Sense of Presence*, 1977); 내 생각에 이 책에서 다루는 경험들의 절대다수는 종교적 경험이다.) 어떤 종교적 경험들은 우리가 다른 감각적 경험을 가질 때 주어지기도 한다. 마치 내가 어떤 목소리를 들음으로써 누군가의 존재를 인지하게 되는 것처럼 또는 외풍을 느낌으로써 문이 열려 있다는 것을 인지하게 되는 것처럼, 어떤 사람들은 음성을 듣거나 이상한 기운을 감지하거나 심지어 밤하늘을 바라보는 중에 신을 분명하게 체험하기도 한다. 하지만 지각은 종종 (시각, 청각, 후각 등의) 어떤 감각적인 요소를 전혀 포함하지 않는다. 혹자는 무엇이 어떠하다는 것을 [직관적으로] 인지하기도 한다. 시각장애인들은 가구들이 존재한다는 것을 인지할 감각적인 수단이 없지만 그 가구들의 존재를 인지할 수 있다. 우리는 등 뒤에 있는 자신의 손바닥이 위를 향하고 있는지 혹은 아래를 향하고 있는지에 대해 어떠한 '감각'에 의지하지 않고서도 인지할 수 있다. 이러한 경우에 우리는 [직관적으로] 안다고 할 수밖에 없을 것이다. 이와 유사하게 어떤 종교적 경험들은 비록 그 경험을 매개하는 감각이 없을지라도 신의 임재를 감지하는 경험이 될 수 있다.

(시각, 청각 등의) 감각들이 포함되는 우리의 일상적인 인지 과정의 경우, **우리는 관찰하고 있다고 여기는 그 대상을 우리가 지각한 것과 동반되는 감각들로부터 유추하지 않는다**. 내가 내 딸을 어떻게 인지하는지를 살펴보자. 나는 내 시야에 들어오는 특정한 색깔의 양식을 관찰하고 이러한 특징은 내 딸에 의해서만 발생할 수 있기 때문에 그 대상을 내 딸이라고 추론하지 않는다. 오히려 나는 내 딸을 바라볼 때 내 시야에 들어오는 여러 색들의 특징적인 양식만으로는 내 딸에 대하여 충분하게 설명하지 못할 수도 있다. 신에 대한 경험의 경우도 이와 마찬가지다. 우리는 [신에 대한] 경험에 수반되는 감각들보다 [신에 대한] 경험이 무엇인가를 훨씬 더 분명하게 알 수 있다.

나는 앞서 분석했던 유형의 반증이 있지 않은 이상, **셀 수 없이 많은 사람들이 때때로 신을 경험했다고 하는 이 강력한 증언들을 신의 존재를 결정적으로 지지하는 증거로 받아들여야만 한다**고 생각한다. 하지만 종교적 경험이 있는 사람들은 오직 자신들이 인지하는 측면과 관련된 내용에만 동의할 것이다. 그들 중 일부는 자신의 경험이 신의 본성에 대하여 더욱 구체적인 정보를 주었다고 주장하기도 하고 신이 자신에게 특정한 사역을 맡겼다고 주장하기도 한다. 종교적 경험이 참된 것으로 간주되기 위해서는 신이 존재한다는 주장이 (이전 장들에서 분석한 증거들에 기반하여) 어느 정도의 개연성을 초기에 가져야 하며, 심지어 신이 어떤 존재이며 어떤 일을 행하는지에 대한 주장까지도 필요로 한다. 만일 누군가 신이 자신에게 강간을 행하라고 했다면 그는 분명히 착각을 일으킨 것이다. 다른 기준들로 비추어 볼 때 강간은 그릇된 행동이며, 따라서 우리는 신이 그러한 명령을 내렸을 리가 없다는 것을 알기 때문이다.

이 책의 결론은 다음과 같다. 이 세계의 존재와 질서와 미세조정과, 이 세계 안에 있는 의식적 존재인 인간과, 인간이 자신과 타인과 세계에 대해 관계를 형성할 수 있게 하는 섭리적 기회와, 인간의 필요와 기도에 대한 응답으로써 또한 특별히 기독교의 토대로써 주어지는 기적들에 관한 역사적 증거들과, 마지막으로 수많은 사람들이 증언하는 신의 임재에 대한 외견적 경험들을 통틀어 고려해 볼 때, 이 모든 사실들은 신이 존재하지 않을 확률보다 신이 존재할 확률이 훨씬 더 높다는 것을 입증한다.

발문

그렇다면 결론은 무엇인가

이 책을 마치면서 만족스럽지 않은 마음이 남아 있는 것은 사실이다. 나는 내가 다룬 내용들에 대하여 본문에서 논의한 것 이외의 반박들이 있을 수 있다는 것을 인지하고 있다. 그리고 그러한 반박들 중에는 몇 세기 동안 지속되어 온 것도 있다. 이 얇은 책이 기초로 삼고 있는 나의 두꺼운 책을 부분적으로 반박하기 위해 쓰여진 최근의 저서로는 맥키J. L. Mackie의 『유신론의 기적』(*The Miracle of Theism*, 1982)이 있다. 또한 나는 내 견해에 대한 반박들을 하나하나 재반박하면서 이 책의 주장을 더 보완하고 확장시킬 필요가 있다는 것도 잘 알고 있다.

주장과 반론, 보완과 확장은 끊임없이 계속될 것이다. 이런 면에서 종교 역시 예외는 아니다. 다른 모든 분야와 마찬가지로 종교적 논의도 끝없이 지속될 것이다. 양자론을 검증하기 위하여 새로운 실험들이 계속 진행될 것이며 과거의 실험들에 대한 새로운 해석이 제시될 것이다. 이러한 과정은 역사 해석이나 정치 이론에 대해서도 동일하게 진행된다. 하지만 인생은 짧기 때문에 우리는 우리가 조사한 모든 내용을 고려해 보았을 때 참이라고 여겨지는 증거들에 기초하여 행동해야만 한다. 우리는 선거에서 주요 후보자들의 정책과 핵심 공약들의 장점에 대해 충분히 고민할 시간도 갖지 못한 채 투표해야만 한다. 우리는 우리의 건축물이 안전한지에 대한 확신을 갖는 것은 고사하고 찬반의 주장들을 다 살펴보기도 전에 다리를 건설해야 하며 우주로 로켓을 쏘아올려야 한다. 우리는 종교에 있어서도 (훗날 인생의 황혼에서 다시 이 논의들을 되짚어 볼지도 모르겠지만) 마찬가지로 행동한다.

이 책의 결론은 개연성을 철저하게 고려한다면 신은 존재한다는 것이다. 이를 받아들인다면 당신은 특정한 의무를 갖게 될 것이다. 신은 우리에게 생명을 주었고, 그 생명이 가지고 있는 모든 좋은 것을 주었다. 무엇보다도 이 생명에는 우리의 성품을 형성하고 타인을 도울 수 있는 기회까지 포함되어 있다. 우리는 이 모든 것을 풍성하게 나누어 준 신에게 감사를 드려야 한다. 우리는 예배를 통해서, 또한 신의 뜻이 이루어지도록 섬기는 일을 통해서 감사의 마음을 표현해야 한다. 이 과정에서 우리는 예비적인 단계로 신의 뜻이 무엇인지를 파악하려는 노력을 기울여야 한다. 그러나 의무는 (우리가 1장에서 보았듯이) 제한된 범위를 가지며 적정한 정도의 예배와 순종으로 그 기준을 충족시킬 수 있을 것이다. 물론 우리는 의무를 다하는 정도로 만족할 수도 있지만, 우리에게 감성과 이상이 있는 한 여기에서 머무를 수는 없다. 전선한 신은 우리에게서 최선의 것을 원한다. 신은 (자신을 위해서가 아니라 우리와 타인들을 위해서) 우리를 거룩하게 만들고 더 나아가 우리를 통해 타인을 거룩하게 만든다. 신은 우리에게 (모든 존재의 가장 선한 원천인) 그 자신에 대해 깊이 깨닫게 한다. 그리고 신은 우리가 그와 사귐을 갖도록 도움을 베푼다. 이 모든 것은 무제한적인 헌신을 포함한다. 하지만 신은 우리를 존중하기 때문에 우리에게 이러한 일을 강요하지 않으며, 우리는 이를 추구하거나 추구하지 않을 선택권을 갖고 있다.

만일 우리가 이를 추구한다면 이 세상에서 이 일들을 성취하는 데에는 명백한 장애물들이 (이 가운데 일부는 6장에서 논의한 바 있다) 있을 것이다. 이 장애물들은 한편으로 우리의 헌신이 진정한 헌신임을 확증해 주기 위해 필요하다. 그렇지만 신은 우리로 하여금 우리가 추구하는 바대로 선한 사람이 되도록, 그리하여 우리가 그분 자신을 바라볼 수 있도록 하기 위해 그분의 시간에 그러한 장애물들을 영원히 제거해 줄 것이다.

참고도서

종교철학은 (기독교뿐만 아니라 다른 종교들의) 핵심이 되는 종교적 주장의 의미와 정당성을 고찰하는 학문이다. 나는 『신은 존재하는가』에서 종교철학의 주요 질문에 대해 내가 생각하는 진정한 해답이 무엇인지를 알려주기 위해 노력했다. 이 논의와 더불어 여러 관련된 주제들을 더욱 깊이 연구하고자 하는 사람들을 위해 참고할 만한 책들을 추천한다.

최근에 나온 신의 존재를 부정하는 두 권의 책은 다음과 같다.

Nicholas Everitt, *The Non-Existence of God*, Routledge, 2004.

J. L. Mackie, *The Miracle of Theism*, Oxford University Press, 1982.

종교철학의 주요 논점에 대한 최근의 철학적 작업을 살펴볼 수 있는 두 권의 개론서는 다음과 같다.

Michael J. Murray and Michael Rae, *An Introduction to the Philosophy of Religion*, Cambridge University Press, 2008.

Charles Taliaferro, *Contemporary Philosophy of Religion*, Blackwell Publishers, 1998.

종교철학의 주요 주제에 대해 다양한 관점을 지닌 여러 고전 학자들과 현대 학자들의 글들을 발췌한 좋은 선집들이 많이 있다. 그중 적절한 세 권을 소개하면 다음과 같다.

Louis P. Pojman and Michael C. Rae, *Philosophy of Religion: An Anthology*, 5th edn., Wadsworth Publishing, 2008.

William Lane Craig, *Philosophy of Religion: A Reader and Guide*, Edinburgh University Press, 2002.

Chad Meister, *The Philosophy of Religion Reader*, Routledge, 2008.

4장의 논의와 관련되어 있는 현대 물리학의 최근의 발견과 추론에 대해서는 다음을 참고하라.

Paul Davies, *The Goldilocks Enigma*, Penguin, 2008.

『신은 존재하는가』에서 다룬 모든 주제는 내가 다른 책에서 더 길고 상세하게 설명한 것이다. 전체 주제에 관해서는, *The Existence of God* (Oxford University Press, 2nd edn., 2004)을 참고하라. (1장과 3장의 주제였던) 신의 본성에 관해서는 *The Coherence of Theism* (Oxford University Press, rev. edn., 1993)과 *The Christian God* (Oxford University Press, 1994)을 참고하라. (2장의 주제였던) 무엇이 대상에 대한 증거가 되는지에 관한 일반적인 논의를 확인하려면 *Epistemic Justification* (Oxford University Press, 2001)을 참고하라. (몸과 영혼으로 구성되어 있는) 인간의 본성에 관해서는 *The Evolution of the Soul* (Oxford University Press, rev. edn., 1997)을 참고하라. (6장의 주제였던) 악의 문제에 관해서는 *Providence and the Problem of Evil* (Oxford University Press, 1998)을 참고하라. 종교적 신앙과 신의 존재에 관한 논증의 실천 사이의 연관성을 살펴보려면 *Faith and Reason* (Oxford University Press, 2nd edn., 2005)을 참고하라.

색인